Conduta ÉTICA
e Sustentabilidade Empresarial

Marcia Cristina Gonçalves de Souza

Conduta ÉTICA e Sustentabilidade Empresarial

ALTA BOOKS
E D I T O R A
Rio de Janeiro, 2018

Conduta Ética e Sustentabilidade Empresarial
Copyright © 2018 da Starlin Alta Editora e Consultoria Eireli. ISBN: 978-85-508-0322-7

Todos os direitos estão reservados e protegidos por Lei. Nenhuma parte deste livro, sem autorização prévia por escrito da editora, poderá ser reproduzida ou transmitida. A violação dos Direitos Autorais é crime estabelecido na Lei nº 9.610/98 e com punição de acordo com o artigo 184 do Código Penal.

A editora não se responsabiliza pelo conteúdo da obra, formulada exclusivamente pelo(s) autor(es).

Marcas Registradas: Todos os termos mencionados e reconhecidos como Marca Registrada e/ou Comercial são de responsabilidade de seus proprietários. A editora informa não estar associada a nenhum produto e/ou fornecedor apresentado no livro.

Impresso no Brasil — 1ª Edição, 2018 — Edição revisada conforme o Acordo Ortográfico da Língua Portuguesa de 2009.

Publique seu livro com a Alta Books. Para mais informações envie um e-mail para autoria@altabooks.com.br

Obra disponível para venda corporativa e/ou personalizada. Para mais informações, fale com projetos@altabooks.com.br

Produção Editorial Editora Alta Books	**Produtor Editorial** Thiê Alves	**Produtor Editorial (Design)** Aurélio Corrêa	**Gerência de Captação e Contratação de Obras** autoria@altabooks.com.br	**Vendas Atacado e Varejo** Daniele Fonseca Viviane Paiva comercial@altabooks.com.br
Gerência Editorial Anderson Vieira	**Assistente Editorial** Illysabelle Trajano	**Marketing Editorial** Silas Amaro marketing@altabooks.com.br	**Ouvidoria** ouvidoria@altabooks.com.br	

Equipe Editorial	Adriano Barros Aline Vieira Bianca Teodoro	Ian Verçosa Juliana de Oliveira Kelry Oliveira	Paulo Gomes Thales Silva Viviane Rodrigues

Revisão Gramatical Rochelle Lassarot Amanda Meirinho	**Diagramação/Layout** Joyce Matos	**Capa** Bianca Teodoro

Erratas e arquivos de apoio: No site da editora relatamos, com a devida correção, qualquer erro encontrado em nossos livros, bem como disponibilizamos arquivos de apoio se aplicáveis à obra em questão.

Acesse o site www.altabooks.com.br e procure pelo título do livro desejado para ter acesso às erratas, aos arquivos de apoio e/ou a outros conteúdos aplicáveis à obra.

Suporte Técnico: A obra é comercializada na forma em que está, sem direito a suporte técnico ou orientação pessoal/exclusiva ao leitor.

A editora não se responsabiliza pela manutenção, atualização e idioma dos sites referidos pelos autores nesta obra.

Dados Internacionais de Catalogação na Publicação (CIP) de acordo com ISBD

S729c   Souza, Marcia Cristina Gonçalves de

Conduta ética e sustentabilidade empresarial / Marcia Cristina Gonçalves de Souza. - Rio de Janeiro : Alta Books, 2018.
208 p. ; il. ; 17cm x 24cm.

Inclui bibliografia.
ISBN: 978-85-508-0322-7

1. Administração. 2. Conduta ética. 3. Sustentabilidade empresarial. I. Título.

2018-839   CDD 658
                                                            CDU 658

Elaborado por Vagner Rodolfo da Silva - CRB-8/9410

Rua Viúva Cláudio, 291 — Bairro Industrial do Jacaré
CEP: 20.970-031 — Rio de Janeiro (RJ)
Tels.: (21) 3278-8069 / 3278-8419
www.altabooks.com.br — altabooks@altabooks.com.br
www.facebook.com/altabooks — www.instagram.com/altabooks

Agradecimentos

Maura Sylvia Pasculli de Curci, amiga de longa data, sempre disponível para me ouvir, analisar e argumentar sobre várias questões, incluindo aquelas relacionadas à ética no trabalho.

Carlos Santos Neto, primeira pessoa a ler e a me incentivar a escrever este livro.

Antonio Limone, pela amizade, incentivo e revisão do texto.

Dedicatória

A meus pais, **Edison Borges e Maria do Socorro,** pelos ensinamentos éticos e pelos exemplos de conduta em todos os aspectos da vida.

A meu marido, **Florent Emmanuel Bareau**. Sem a sua presença em minha vida, seu carinho e encorajamento, este livro provavelmente não seria publicado.

Prefácio

Qual o problema?

Com essa pergunta, um estudante de Administração de Empresas recentemente questionou um professor que comentava com a classe lamentáveis questões de corrupção que assolam nosso país.

O livro de Marcia Cristina Gonçalves de Souza vem em muito boa hora. Sempre será o momento adequado para se desenvolver a consciência ética. O pior que uma sociedade pode mostrar é o desprezo pelo Bem ou, ainda, perder a sensibilidade em relação ao que é Mal, como parece ter ocorrido com o jovem estudante.

O imediatismo que caracteriza vários segmentos da humanidade tem levado muitas pessoas a perder o hábito de refletir, ponderar, avaliar as coisas sob um prisma profundo. Não foi o imediatismo que moveu grandes empreendedores do século XX, e certamente não poderá ser no século XXI.

Com raras exceções, as empresas são feitas para permanecer, durar, prover os seres humanos de bens, serviços e ideias que "vieram para ficar". Do contrário, sobrariam frustrações. Hoje, como nunca, há muitas modalidades de prêmios, homenagens e concursos de casos que ressaltam o "fazer bem". Ouvir ou ler as histórias ou os "causos" brasileiros de sucesso faz vibrar as cordas do coração, numa canção sem sons, mas com uma vibração que contagia e dá forças para lutar. É possível, por que não?

De alguma forma, todos nós estamos intimamente conectados com o mundo empresarial, seja como executivos ou profissionais, clientes ou fornecedores. Nossa reação ao que é certo é muito clara e prazerosa, enquanto ao que é errado é muito rápida e desagradável. Não conseguimos, não podemos e não devemos nos acostumar. O nosso dever é lutar, mas lutar com as armas do profissionalismo, da inteligência, da competência e do bom senso. A batalha entre o Bem e o Mal é eterna.

Chamou minha atenção um pequeno quadro pendurado junto ao balcão de uma sapataria: "Se você teve tempo para consertar, por que já não fez bem-feito na primeira vez?". Pareceu-me de muita sabedoria. Na realidade é isso mesmo, cada ato nosso é único, é uma faísca do tempo que nos foi dada para fazer o bem. O trabalho é uma forma de devolver à sociedade tantos bens que recebemos de graça. Cada momento é único. Essa verdade deveria nos remeter ao exercício constante de nossa consciência. Já não voltará...

Nós que trabalhamos em empresas podemos pensar que é aí onde passamos as melhores horas de nossos dias, os melhores dias de nossos anos, os melhores anos de nossas vidas. Não é pouco! É preciso fazer isso valer realmente a pena.

Marcia Cristina nos apresenta neste livro um roteiro profissional interessante, recheado de pensamentos e argumentos que podem mover uma pessoa de boa vontade a cumprir seu papel com competência, entregando um trabalho à altura de um ser humano maduro. É valioso o objetivo da autora, no sentido de focar o *locus* do desenvolvimento da consciência ética exatamente onde passamos o melhor tempo de nossas vidas: nas empresas. É uma perspectiva prática, apoiada em princípios e valores de grande significado.

Gosto de pensar que a ética só faz sentido quando é exercida com liberdade. Muito simples, sem fazer barulho, mas de maneira racional, sensata, ponderada, serena, por que não? Os argumentos éticos convencem, dão resultado. Se algumas pessoas não os compreendem num primeiro momento, no mínimo refletirão, e com o tempo podem mudar, porque alguma vez na vida lhes foi apresentado algo que é melhor. Nunca sabemos!

Ao iniciar seu trabalho numa empresa, o contato com os valores da organização ajuda a entender a lógica dos negócios vigentes entre os seus colaboradores. Adotar esses valores como próprios parece fundamental para o bom desempenho. Se não, talvez seja melhor buscar outra oportunidade profissional. Se for uma pessoa com experiência e com possibilidade de provocar mudanças, talvez possa aproveitar a chance e liderar processos éticos de atuação. O presente livro explora esse caminho com muita propriedade.

Ainda na linha da liberdade, gosto de pensar no código ou no programa de ética das empresas como os "olhos de gato" à margem das estradas. São pequenos sinais indicativos de limite das pistas. Brilham à noite, se tivermos os faróis acesos. Destacam-se durante o dia, por seu aspecto peculiar, mas nunca nos impedem de ultrapassá-los. As normas éticas de uma organização têm essa mesma função: mostram o melhor caminho, mas não "obrigam". Um profissional ético as segue porque sabe que passar por cima delas pode levar a situações de risco, despenhadeiros ou mesmo acostamentos de condições precárias. O importante é entender a razão de cada norma ou regra, usar a inteligência para ler e compreender seu significado mais profundo, contribuir com ideias novas, orientar colegas mais jovens na Casa, fornecedores ou clientes, *stakeholders* em geral.

É uma questão de atitude viver a ética "com complexo de superioridade", seguros de que este é o melhor caminho. É uma questão de atitude viver a ética de cabeça erguida, com personalidade, com bom humor, com transparência. Mas também é questão de atitude ser prudente e forte para avaliar cada momento e agir em consequência.

Desejo à Marcia Cristina muito sucesso em mais este livro. Devemos agradecer sua garra para nos animar a continuar vivendo a ética, mesmo que às vezes pareça que vamos contra a corrente. Boa leitura!

São Paulo, 21 de junho de 2011.

Prof.ª Dr.ª Maria Cecília Coutinho de Arruda, LPEC
Diretora — Hetica Treinamento Empresarial
Presidente — ALENE — Associação Latino-Americana de
Ética, Negócios e Economia
Membro do Comitê Executivo — ISBEE — International Society
for Business, Economics, and Ethics

Sumário

	Introdução	1
1	Por que Desenvolver a Consciência Ética na Empresa?	9
2	O que É Ser Ético?	29
3	Vale a Pena Ser Ético?	39
4	Lucro e Risco do Negócio	51
5	Ética e Espiritualidade	55
6	O Papel das Empresas	63
7	O que É Ser uma Empresa Ética?	75
8	Desenvolvendo a Consciência Ética na Empresa	101
9	Empresas Globalizadas	155
10	Liderança Ética	159
11	Ética e Competitividade	169
12	A Gestão de Recursos Humanos	175
13	Questão de Atitude	181
	Bibliografia	187
	Índice	189

Introdução

Ao escrever meu primeiro livro, em 2008 — Ética no Ambiente de Trabalho —, não imaginava que minha vida mudaria radicalmente. No livro, descrevo situações que demonstram como a conduta das pessoas no desempenho de suas atividades profissionais pode prejudicar a qualidade do trabalho, dos relacionamentos pessoais, as próprias carreiras e os resultados das empresas para as quais prestam serviços. Assim, acabei por descobrir uma nova área de interesse para estudos e uma nova profissão.

Filosofia nunca tinha estado entre as áreas de estudo às quais me dediquei, e pouco conhecia do assunto — tinha lido apenas Platão. Ainda assim, empiricamente, sempre busquei respeitar os valores éticos na vida pessoal e profissional, e acabei desenvolvendo o hábito de observar e questionar, silenciosamente ou não, alguns comportamentos que considerava inadequados.

O estudo da ética integra o pensamento filosófico, mas sua prática está presente no dia a dia de todos, ainda que de forma inconsciente. A decisão ética está intimamente relacionada à evolução moral dos indivíduos, mas é extremamente polêmica, já que o ponto de vista é pessoal. Duas pessoas podem discordar radicalmente sobre uma mesma questão, e ambas estarem eticamente corretas. Por isso, para mim, é um assunto encantador!

Jornalista por vocação, apesar de ter trabalhado em várias áreas diferentes, comecei a escrever sobre a conduta ética no trabalho porque, depois de 27 anos, estava inconformada com a ausência de consequências imediatas para atitudes claramente antiéticas que todos conheciam e comentavam, mas aceitavam porque entendiam que nada podiam ou queriam fazer para inibir a continuidade daquelas situações. Eu também me calava...

Além das máquinas de escrever elétricas, dos aparelhos de telefone de discar e dos garçons que serviam o cafezinho, muita coisa mudou desde 1980, quando comecei a trabalhar em uma grande empresa. Naquela época nem se falava de assédio moral ou sexual, embora ambos acontecessem com muita frequência. Ocupantes de cargos de comando recebiam presentes e usufruíam de regalias oferecidas por clientes e fornecedores, sem que esse hábito fosse considerado inadequado. Contratar amigos e parentes não era algo questionável, assim como os evidentes conflitos de interesse sequer eram percebidos.

Com o tempo, comecei a me incomodar com esses costumes. Sofri assédio moral e sexual algumas vezes, e sentia falta de um canal para registrar ou alguém a quem me queixar. Nas ocasiões em que sofri assédio sexual, além de não ter como provar e denunciar (imagina como seria carregar um gravador de fita cassete daquele tamanho para criar provas?), ainda percebia que algumas pessoas entendiam como sendo um exagero meu e até mesmo que eu deveria ficar envaidecida com o interesse do chefe!

A propina era tão natural que um dos meus superiores se gabava abertamente dos presentes que recebia de empresas interessadas em contratos de alto valor, e nunca escondeu seu orgulho de ter o poder necessário para ser agraciado com a reforma gratuita de seu apartamento, por exemplo.

Eu era muito ingênua e ficava impressionada ao perceber o que as pessoas são capazes de fazer para obter benefícios pessoais e/ou ascender em suas carreiras. Relações sexuais movidas puramente por interesses nada românticos eram, e ainda são, numerosas. Nas poucas vezes em que me envolvi com colegas de trabalho, eu estava realmente enamorada, mas só quem me conhecia acreditava nisso.

Histórias de pessoas que pagavam um alto preço para subir na carreira foram acontecendo na minha frente.

De olho no crescimento profissional, uma gerente jovem, habilidosa, comprometida e motivada aceitou trabalhar em uma agência bancária no interior da Bahia. Pouco tempo depois, quando se viu como a única responsável por todo o funcionamento da unidade, sem o apoio administrativo necessário e sendo cobrada constantemente por resultados, entrou em colapso psicológico e nunca mais se recuperou. Em outro caso, um colega que participava de um processo seletivo, após aprovado em prova escrita, durante a análise de perfil gerencial que incluía vivências simuladas, foi encontrado de madrugada vagando no canteiro central do Eixo Monumental em Brasília, completamente nu.

A competição, a cobrança por resultados, a autocobrança, o sentimento de fracasso, a humilhação e a vergonha, além do estresse no cumprimento de prazos e horários, a obrigação de eterna disponibilidade para compromissos de trabalho, sem considerar as necessidades da vida pessoal ou familiar, formam uma bomba relógio dentro das pessoas. Algumas desistem das ambições profissionais e relaxam na dedicação ao trabalho. Outras apelam para estratégias incompatíveis com as normas, alheias aos valores éticos ou até desonestas.

Mesmo pessoas comprometidas com a ética que conseguem alcançar sucesso e reconhecimento estão propensas a gerar desgaste emocional e nem sempre se aposentam com a saúde preservada. A maioria delas, quando não adoece psicologicamente, desenvolve doenças que prejudicam suas atividades depois da aposentadoria.

Precisa ser muito forte para sobreviver ao massacre que se vive dentro de empresas que não cuidam convenientemente da conduta ética!

Assim, observando fatos e consequências, entendi que a falta de ética é responsável por grande parte da insalubridade do ambiente empresarial.

Cobrar resultados é necessário, mas as metas precisam ser factíveis. Metas justas consideram o potencial dos diferentes mercados de atuação, a concorrência e a cultura local. A empresa tem de fornecer a estrutura necessária para o desempenho da função, incluindo um eficiente serviço de entrega e pós-venda.

Para cada vencedor existirão vários vencidos, mas as oportunidades e as condições de trabalho precisam ser equivalentes.

Sentindo na pele todas essas dificuldades, usufruindo de vitórias e administrando as derrotas, passei a me dedicar à análise ética das situações vividas/observadas. Passei a questionar os motivos que levam pessoas a agir de forma tão egoísta, sem se importarem com as consequências de seus atos, colocando em risco sua credibilidade, reputação, carreira, emprego, estabilidade financeira, e até sua liberdade.

A ambição e a vaidade (no bom sentido do amor-próprio) são molas propulsoras responsáveis por muitos progressos, sejam na área das ciências humanas, exatas, médica ou tecnológica. Entretanto, infelizmente, essas mesmas características tão humanas, quando exacerbadas, associadas ou não à ganância, ao egoísmo e à falta de paciência para aguardar que as coisas aconteçam naturalmente, se tornam instrumentos que motivam condutas equivocadas ou, até mesmo, criminosas.

Por serem características humanas, essas condutas ocorrem em todas as sociedades, em todos os grupos sociais, independente de crença religiosa, nível socioeconômico ou nação.

Entretanto, em alguns países o cenário é pior do que em outros.

Pesquisa apresentada no Relatório Anual de 2017 da Transparency International (www.transparency.org), instituição que acompanha a evolução do grau de corrupção percebido pela própria população de 180 países, destaca que a maioria dos países está fazendo pouco ou nenhum progresso para acabar com a corrupção, enquanto uma análise mais aprofundada mostra que jornalistas e ativistas de países corruptos arriscam suas vidas todos os dias no esforço para noticiar.

Índice de Corrupção Percebida — 2017

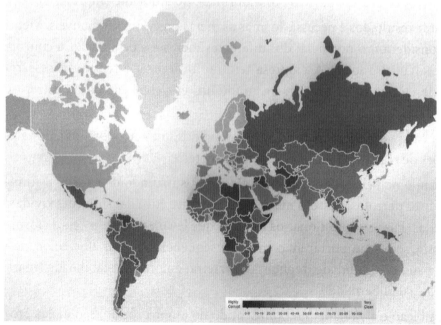

Fonte: Transparency International (2017)

O índice, que classifica 180 países e territórios por seus níveis percebidos de corrupção do setor público de acordo com especialistas e empresários, usa uma escala de 0 a 100, na qual 0 é altamente corrupto e 100 é muito limpo. Este ano, o índice descobriu que mais de dois terços dos países obtiveram classificação abaixo de 50.

Também neste ano, a Nova Zelândia e a Dinamarca obtiveram as classificações mais altas, com pontuações de 89 e 88, respectivamente. A Síria, o Sudão do Sul e a Somália as mais baixas, com 14, 12 e 9, respectivamente. A região com melhor desempenho é a Europa Ocidental, com uma pontuação média de 66.

De acordo com o mapa ao lado, é possível observar que o grau de percepção da corrupção é menor em países como Canadá e Estados Unidos, na América do Norte, Noruega, Suécia, Reino Unido, Alemanha, Suíça, Finlândia e Dinamarca, na Europa Ocidental, além de Austrália e Japão. Na América do Sul, as exceções são o Chile e o Uruguai, enquanto o Brasil, provavelmente devido aos escândalos de corrupção levantados pela Operação Lava Jato, despencou para a 96ª posição, caindo 17 posições em relação ao resultado de 2016, e se compara aos demais países do continente sul-americano, da África e Ásia. Fica fácil concluir que os países com menor grau de corrupção são também os países mais desenvolvidos e com melhor distribuição de renda.

A Transparency International acrescenta: "Uma análise mais aprofundada dos resultados indica que os países com menos proteção para organizações de imprensa e não governamentais (ONGs) também tendem a ter as piores taxas de corrupção.

Toda semana, pelo menos um jornalista é morto em um país altamente corrupto.

A análise, que incorpora dados do Comitê para a Proteção dos Jornalistas, mostra que de todos os jornalistas mortos nos últimos seis anos mais de 9 em cada 10 foram mortos em países que obtêm 45 ou menos no índice."

Nenhum país fica perto de uma pontuação perfeita no Índice de Percepção da Corrupção 2017. O escore médio global é um número insignificante de 43, que indica corrupção endêmica no setor público de um país.

O número de países de pontuação superior (tons mais claros no mapa) é superado em muito por países em tons de cinza mais escuros, onde os cidadãos sofrem os efeitos da corrupção diariamente com a falta de investimentos em educação, saúde, segurança, transportes e infraestrutura.

Se o melhor desempenho apresentado na comparação do Índice de Corrupção Percebida da Transparency International está relacionado aos países mais desenvolvidos e, por consequência, com melhor nível educacional, é válido concluir que a ética pode ser ensinada, seja pelas famílias ou pelas escolas, e que deve estar alicerçada em leis aplicadas de forma eficiente.

Por outro lado, ainda se faz presente a milenária discussão filosófica: a ética é uma característica que já nasce com a pessoa ou é aprendida? Ou seja: pensar e agir eticamente é uma questão de personalidade (que já nasce com a pessoa) ou caráter (que é formado ao longo da vida)? Seria o "ser ético" uma herança genética intocável ou os valores éticos podem ser aprendidos?

As pessoas nascem diferentes, com aptidões e talentos próprios. A maior demonstração disso é que crianças criadas dentro de um mesmo núcleo familiar, que estudaram em uma mesma escola e que tiveram experiências de vida muito semelhantes, podem se tornar pessoas muito diferentes, inclusive no que se refere à honestidade.

Entretanto, também é correto afirmar que as pessoas têm percepções e convicções diferentes a respeito do que é certo ou errado. As vivências pessoais influenciam nas ideias e sentimentos dos seres humanos.

Por exemplo: uma pessoa que foi criada vendo o pai ultrapassando pelo acostamento, mentindo constantemente e furando filas ou, ainda, agredindo mulheres, pode crescer convicta de que não há nada de errado nesse comportamento.

Assim, é possível concluir que uma pessoa que não apresenta má índole em sua personalidade pode ser induzida a agir de maneira equivocada por força dos maus exemplos de conduta que presencia. Quando é dada a essa pessoa a oportunidade de ter acesso a informações corretas e a conhecer os riscos e as más consequências de seus atos antiéticos, ela pode optar por adotar uma conduta adequada.

Há que se registrar também que existem pessoas nascidas em ambientes ruins, onde o crime faz parte da realidade de cada dia e que, apesar disso, agem de forma correta desde a infância e não adquirem os hábitos errados com os quais convivem.

Portanto, a conduta ética pode ser inata, mas também pode ser aprendida. E é por acreditar nessa premissa que eu decidi escrever este livro.

As empresas reúnem pessoas de diversas origens, criadas sob diferentes conceitos e que, por uma série de acontecimentos quase sempre imprevisíveis, acabam sendo obrigadas a conviver, a trabalhar juntas, a dividir méritos e deméritos e a competir entre si por promoções, prêmios e recompensas. Passam a disputar poder e realizações em busca da satisfação pessoal e profissional, alimentando vaidades. Além disso, começam a trabalhar numa empresa onde a cultura, seja ela corporativa ou aquela imposta pelo proprietário, pode não combinar com o que elas consideram justo, injusto, certo, errado, adequado ou não.

Qualquer jovem em início de carreira que tenha ambições de ascensão profissional vai, provavelmente, buscar inspiração no comportamento das pessoas que já ocupam os cargos por ele almejados para descobrir a melhor maneira de agir para conquistar seus objetivos. São as condutas adotadas pelos gestores e dirigentes que inspiram o comportamento dos novos colaboradores. Se os atuais chefes apresentam comportamento antiético, se não sabem exercer a liderança, eles vão contribuir negativamente na formação de futuros líderes.

Famílias formam o caráter das pessoas, escolas e universidades transmitem conhecimento, mas é na empresa que a soma das atitudes de cada colaborador pode significar sucesso ou fracasso, lucro ou prejuízo, continuidade ou falência.

Diante disso, acredito que as empresas precisam passar a investir no desenvolvimento da consciência ética dos seus empregados como forma de se protegerem contra riscos diversos e reduzir o custo operacional invisível.

Esse esforço (investimento) é também uma forma de dar oportunidade para que todos conheçam o comportamento e o processo decisório pretendido pela empresa, além de contribuir para a melhoria do ambiente, o que refletirá diretamente na produtividade e motivação das equipes.

Finalmente, informando, esclarecendo e educando os colaboradores, a empresa estará adotando uma estratégia de relacionamento focada na justiça, colaborando para que pessoas de boa índole não venham a cometer erros e a prejudicar suas carreiras por desconhecimento.

> *"Torne o resto da sua vida tão significativo quanto possível...*
> *Consiste apenas em agir levando os outros em consideração.*
> *Assim, encontrará paz e felicidade para si mesmo."*
>
> **Dalai Lama**

1
Por que Desenvolver a Consciência Ética na Empresa?

Entre tantas coisas que precisam ser tratadas dentro de uma empresa, principalmente dentro das grandes, por que desperdiçar tempo para trabalhar as questões relativas à conduta ética?

Nas melhores empresas do mundo, a questão da ética nos negócios já está sendo trabalhada e a maioria cumpriu com as exigências necessárias para obter o selo de "empresa ética". Há alguns anos a direção e os conselhos administrativos constituíram a comissão responsável pela criação do código de ética. Esses códigos foram impressos e distribuídos a todos os colaboradores, fornecedores, acionistas e demais *stakeholders*. Em algumas empresas foi implantado um canal de denúncias e aprimoraram-se os sistemas de controle na execução de rotinas. As ocorrências consideradas em desacordo com a ética são registradas, apuradas e resolvidas por profissionais vinculados à área responsável pela sustentabilidade empresarial, ou pela ouvidoria, ou ainda podem estar sob a responsabilidade de áreas como gestão de pessoas, auditoria, *compliance*. Enfim, cada empresa estruturou áreas e rotinas para cuidar das questões relativas à ética.

Não obstante, parece que ainda não ficou claro que essas providências, com exceção ao código de conduta ética, são processos reativos, dedicados a identificar, apurar e punir as ocorrências detectadas. Algumas ocorrências podem parecer até insignificantes, como, por exemplo, um caso de assédio moral, já que não compromete o resultado da empresa. Ocorrências assim, sendo ou não apuradas e resolvidas, nem sempre chegam ao conhecimento das demais áreas, mas certamente chegam à "rádio corredor".

Condutas antiéticas, dessas que não causam prejuízos perceptíveis ou mensuráveis, continuam ocorrendo rotineiramente. São decisões e comportamentos tão comuns em pessoas de todos os níveis hierárquicos que sequer costumam ser questionados, muito menos considerados graves o suficiente para gerar um processo de apuração.

É verdade que o custo dos processos de apuração de ocorrências consideradas menos relevantes, assim como o desgaste pessoal/profissional do responsável pela condução desses processos, pode ser superior ao prejuízo financeiro eventualmente causado. Frequentemente tais prejuízos nem podem ser mensurados, já que não geraram perda de valores monetários ou bens patrimoniais. São ocorrências que "apenas" interferiram na qualidade do ambiente de trabalho, causaram desmotivação, doenças ou sensação de injustiça em alguma(s) pessoa(s), ou que comprometeram a carreira de alguns poucos desafortunados.

Acontece que essas consequências são perdas e causam prejuízos. O que não pode ser mensurado permanece oculto, mas tem o poder de inflar o custo invisível das empresas, contaminar o ambiente e a qualidade do trabalho.

São desvios que, se pudessem ser calculados e somados, alcançariam valores surpreendentemente relevantes:

- ▶ Negócios mal estruturados que resultam em devoluções;
- ▶ Atendimentos que dão origem a ações na justiça e que prejudicam a boa imagem da empresa;
- ▶ Projetos não executados, descontinuados ou inacabados;
- ▶ Negligência para com ações menos vistosas, mas efetivas no aumento da rentabilidade, da produtividade ou da lucratividade;
- ▶ Chefias que destroem o bem-estar e a qualidade de vida de suas equipes, provocando a perda de talentos;

▶ Desperdício de recursos com eventos e viagens desnecessários, que visam a projeção pessoal de poucos;

▶ Contratação de profissionais ou fornecedores sem as qualificações necessárias, a fim de atender a interesses pessoais.

Como mensurar essas perdas? Como calcular prejuízos provocados por ações não realizadas? Como saber o custo que a vaidade humana representa quando altos executivos priorizam seus interesses pessoais? Como avaliar as perdas provocadas por executivos que optam pela implantação de projetos que mais interessam a eles mesmos, porque aumentam a sua visibilidade dentro da empresa e até no mercado, alimentado suas vaidades e contribuindo para o marketing pessoal? Enquanto isso, projetos para redução de custos, eliminação de retrabalho, aumento da segurança ou capazes de contribuir para melhorar o desempenho da empresa, permanecem esquecidos em gavetas porque não implicam exposição positiva de seus executores.

Dimensionar este prejuízo é um cálculo impossível de ser realizado. Na melhor das hipóteses, pode ser apenas estimado, e ainda assim sujeito a considerável margem de erro.

A instituição The Ethics & Compliance Initiative (ECI) é uma comunidade internacional que reúne profissionais e organizações comprometidas com as melhores práticas para a alta qualidade ética e programas de *compliance*. Um dos seus principais focos de atenção é justamente a questão da conduta ética das lideranças.

Uma pesquisa realizada pela ECI, em dezembro de 2015, ouviu 13.046 trabalhadores com mais de 18 anos de idade dos setores público e privado, assim como de organizações sem fins lucrativos de 13 países.

O relatório que apresenta os resultados dessa pesquisa é o Global Business Ethics Survey — GBES, publicado em 2016.

A pesquisa revelou que a pressão para ceder em relação aos padrões éticos e a opção pela má conduta andam de mãos dadas em todos os países, sendo que no Brasil, Índia e Rússia as pessoas entrevistadas relataram sentir mais pressão do que seus equivalentes em outros países.

Na maioria dos países pesquisados na GBES, a pressão para comprometer os padrões é sentida por mais de 1 em cada 5 empregados

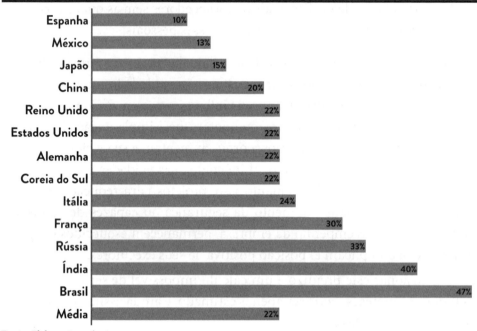

Fonte: Elaboração própria

A pressão para comprometer padrões (comprometer no sentido de fazer concessões às normas, aumentando o risco) e a prática de má conduta são comumente observadas nas organizações. Na média, mais de 1 em cada 5 entrevistados de todos os setores (22 %) sentiu pressão para comprometer padrões. As observações de má conduta foram ainda mais difundidas, uma média de 33%.

As lacunas mais amplas entre o setor público e privado apareceram no Brasil, na Índia e no Reino Unido.

Condutas inadequadas são percebidas por um grande número de empregados em todos os países pesquisados

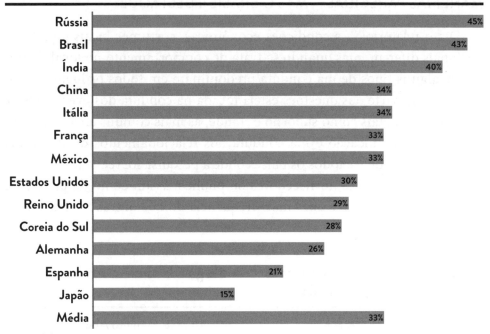

Fonte: Elaboração própria

Quando se trata de conduta inadequada dentro de uma organização, a pesquisa apontou que as violações que acontecem uma única vez geralmente são menos preocupantes do que o crônico desrespeito às normas. Por outro lado, percebe-se que as condutas antiéticas do pessoal de menor nível hierárquico são menos ameaçadoras do que quando praticadas pelos executivos de alto nível.

Embora a conduta antiética seja frequentemente cometida por uma única pessoa, em todos os setores pesquisados uma média de 10% daqueles que observaram mentiras ou violações relativas à saúde classificaram a má conduta como sendo "de toda a organização". No total, a GBES perguntou acerca de 16 diferentes formas de potenciais irregularidades, e várias delas foram particularmente suscetíveis de serem cometidas pela alta administração ou de ocorrer por longos períodos de tempo.

OUTRA CONCLUSÃO DA PESQUISA: AO REDOR DO MUNDO AS PESSOAS TÊM MAUS COMPORTAMENTOS DE MANEIRAS PARECIDAS – MAS O BRASIL É DESTAQUE

Diz o relatório: "As condições econômicas, costumes locais e culturas nacionais diferem, mas quando se trata de comportamento no local de trabalho, alguns tipos de má conduta predominam em todos os lugares. Embora grande parte das questões esteja focada na conduta dos executivos de nível mais alto, tais como suborno e fraude, as mais comuns envolvem problemas de comunicação e má conduta nos relacionamentos do dia a dia. Empregados de quase todos os países onde a pesquisa foi realizada falam de mentiras para clientes, fornecedores ou público, assim como da prática de comportamento abusivo com mais frequência do que outras formas de má conduta perguntadas."

Condutas inadequadas são percebidas por um grande número de empregados em todos os países pesquisados

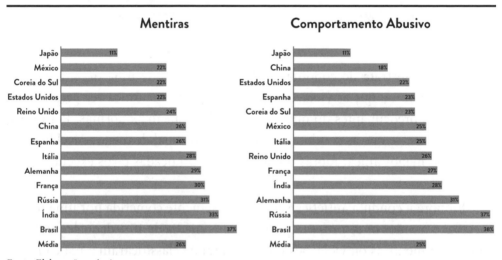

Fonte: Elaboração própria

CONDUTAS INADEQUADAS SE PERPETUAM — E OS GERENTES SÃO QUASE SEMPRE RESPONSÁVEIS

No total, a GBES perguntou aos entrevistados sobre 16 formas diferentes de potenciais irregularidades, e várias delas foram particularmente prováveis de serem cometidas pela alta administração[1] ou ocorrer por longos períodos de tempo.

Tipo de Comportamento	Transgressões mais comuns na alta gerência[2]	Transgressões mas comuns na gerência de nível médio[3]	Comum acontecer por dois anos ou mais[4]
Comportamento abusivo ou intimidatório em relação aos empregados	✓	✓	✓
Aceitar propinas, comissões e/ou presentes inapropriados	✓	✓	–
Decisões ou atitudes tomadas em benefício de empregados (ou amigos/família) contra os interesses da organização (conflito de interesses)	✓	✓	–
Envolvimento em comportamento anticompetitivo (p.e. cartel, fraude em licitações)	✓	✓	✓
Ocultar (potenciais) violações até as inspeções locais	✓	✓	✓
Violação dos Direitos Humanos[5]	✓	–	–
Contratações inadequadas ou violação de termos de contratos com clientes ou fornecedores	✓	✓	–
Alteração inadequada, falsificação e/ou adulteração de documentos ou registros da organização	–	✓	✓

Tipo de Comportamento	Transgressões mais comuns na alta gerência[2]	Transgressões mas comuns na gerência de nível médio[3]	Comum acontecer por dois anos ou mais[4]
Mentir para empregados, clientes, vendedores ou público em geral	✓	–	✓
Oferecer propina, suborno ou presentes inapropriados	–	✓	✓
Violação de regulamentos de saúde e/ou segurança	–	–	✓
Entrega de bens ou serviços abaixo das especificações	–	–	–
Acesso indevido, divulgação e/ou uso de informações pessoais e/ou confidenciais de empregados e clientes	–	–	–
Retaliação contra alguém que denunciou má conduta	–	–	–
Roubo ou furto	–	–	–
Violação de leis ambientais	–	–	–

1. A pesquisa da GBES definiu a alta administração como "os executivos mais altos da sua organização, incluindo o Diretor Presidente (CEO), o Presidente, o Diretor Financeiro, o Diretor Administrativo, o Diretor de Operações, o Conselho Geral etc.";
2. Comportamentos para os quais a porcentagem de perpetradores identificados como "top manager(s)" excedeu a média de GBES de 24% (todos os setores);
3. Comportamentos para os quais a porcentagem de perpetradores identificados como "gerente(s) médio(s)" excedeu a média de GBES de 23% (todos os setores);
4. Comportamentos para os quais a porcentagem de incidentes identificados como "padrão contínuo que durou 25 meses ou mais" excedeu a média de GBES de 11% (todos os setores);
5. Na pesquisa, as violações dos direitos humanos foram solicitadas como "violações dos direitos humanos (por exemplo, tráfico de seres humanos, trabalho infantil)". Os entrevistados também receberam informações adicionais: "As violações dos direitos humanos incluirão o tráfico humano, o trabalho infantil, o trabalho

forçado, o risco nas condições de trabalho, bem como outras condições que tornam o trabalho insalubre, perigoso ou praticamente não remunerado." Dada a ampla natureza da questão, é necessária mais pesquisa antes de tirar conclusões sobre esses pontos de dados particulares.

Alguns exemplos famosos:

British Petroleum — BP, uma empresa de energia global com mais de 70.000 empregados e operações em 72 países.

Em abril de 2010, uma explosão na plataforma petrolífera "Deepwater Horizon" provocou o afundamento da plataforma e causou a morte de 11 trabalhadores. A explosão deu origem ao derramamento de 4,9 milhões de barris (780 milhões de litros) de petróleo no Golfo do México, causando um gigantesco desastre ecológico que arrasou a vida de habitantes dos estados do Texas, Louisiana, Mississipi, Alabama e Flórida que vivem da pesca e do turismo.

O mais extraordinário é que, antes do ocorrido no Golfo do México, a BP era uma das empresas de maior credibilidade e respeitabilidade do mercado internacional, por suas ações direcionadas à sustentabilidade ambiental.

De imediato, o executivo-chefe da BP, Tony Hayward, assegurou que a empresa estava "completamente comprometida com o acidente e faria tudo pelo restabelecimento da normalidade". Apesar disso, a companhia foi criticada pelo governo americano pela sua resposta ao acidente, pois apenas se comprometeu em arcar com os custos da limpeza. A empresa levou mais de três meses para conseguir fechar seu poço de petróleo.

Entre muitas histórias especulativas, circularam na imprensa mundial as notícias de que o sistema de alarme da plataforma foi desligado para que os petroleiros pudessem dormir melhor. Outra versão dizia que o sistema de segurança estava com defeito e que o conserto exigiria a interrupção dos trabalhos, o que causaria um prejuízo de 500 mil dólares/dia. Ou seja, nas duas supostas causas, o acidente foi a consequência de uma decisão tomada por alguém, talvez por uma única pessoa com poder de decisão.

Tony Hayward se tornou alvo da fúria dos americanos quando disse, no mês seguinte ao do acidente, que gostaria de ter sua "vida de volta".

— Para dizer de forma simples, houve um trabalho ruim de concretagem — disse, em nota, o executivo-chefe da BP.

Pouco tempo depois, ele foi duramente criticado por aproveitar o tempo livre para passear de iate com seu filho em vez de cuidar da mancha de petróleo.

A British Petroleum gastou 6,1 bilhões de dólares nas operações para combater o vazamento de petróleo no Golfo do México, sem contar os gastos para resolver o problema do petróleo que ficou no fundo do oceano.

O acidente causou ainda outros graves problemas:

1. Os investidores bateram em retirada;
2. A empresa foi excluída do Dow Jones Sustainability Index, índice que reúne ações de empresas preocupadas com a sustentabilidade;
3. A venda acelerada das ações da BP fez com que o valor da empresa caísse em US$ 20 bilhões;
4. Aumentaram os processos judiciais movidos por pessoas que tiveram seus negócios prejudicados;
5. Investigação criminal pelo governo americano, que chegou a alterar a lei para impingir multa compatível com o porte do estrago feito ao ecossistema e à autoestima dos norte-americanos.

A BP destinou 32,2 bilhões de dólares de suas contas para cobrir os custos da maior catástrofe ecológica da história dos Estados Unidos.

Ricardo Voltolini, diretor-presidente da consultoria Ideia Sustentável e que naquela época era editor da revista Ideia Socioambiental, escreveu sobre o episódio BP e ensina algumas coisas.

(1) As questões do universo da sustentabilidade se impõem como variáveis cada vez mais críticas no sucesso ou fracasso de um negócio. Escolhas erradas, falhas estruturais, decisões infelizes e deslizes em processos que promovam impactos sociais ou ambientais serão crescentemente punidos com perda de valor econômico.

O prejuízo será tanto maior quanto maior for a comoção pública em torno do caso e o dano causado a um ecossistema ou a um grupo da sociedade. Investidores estão sempre muito atentos e, partir do caso da BP no Golfo do México, passaram a desconfiar de empresas que tratam a sustentabilidade com displicência, desinteresse ou arrogância, ainda que seus balanços demonstrem certo vigor. A diferença entre o céu e o inferno pode estar na dificuldade de resolver uma falha técnica a 1.500 metros de profundidade no oceano.

(2) Quando a sustentabilidade fica só no discurso, os riscos aumentam. O caso BP é típico. Dez anos antes, a empresa anunciou, por meio de uma campanha milionária de propaganda (estima-se algo como US$ 200 milhões), que passaria a ser chamada apenas pelas iniciais, usando, como recurso para fortalecer o novo posicionamento, o mote "Beyond Petroleum".

Mais do que um slogan, ou uma nova marca (a anterior foi substituída pela de um girassol), a empresa se comprometia a "ir além do petróleo", investindo em energias renováveis por reconhecer que — líder do setor — tinha essa obrigação. Ainda nos anos 1990, a BP foi pioneira na discussão das mudanças climáticas, o que motivou muita gente a levar a sério o novo posicionamento.

Os números, no entanto, mostravam que a bandeira tinha ficado apenas no discurso. Em 2008, quando o Greenpeace tentou conferir um prêmio de *greenwashing* à BP, os borderôs revelavam um investimento pífio de pouco mais de 1% em energia solar. Óleo e gás continuaram recebendo 93% de financiamento.

Tyrone Benton, empregado da BP, afirmou, em junho de 2010, que descobriu um vazamento no equipamento de segurança da plataforma Deepwater Horizon semanas antes da explosão no Golfo do México e que, apesar do aviso, os responsáveis pela plataforma decidiram simplesmente desligar o aparelho de segurança em vez de consertá-lo.

Ele disse que o problema identificado estava na câmara de controle de um equipamento conhecido como Blow Out Preventer (BOP), que, segundo análises, falhou na explosão da Deepwater Horizon. Colocado na saída de poços de petróleo, o BOP é considerado o equipamento de segurança mais crítico a bordo de uma plataforma, instalado justamente para evitar vazamentos como o que ocorreu no Golfo do México. Ele disse ainda que, para consertar a unidade, a BP teria de interromper a perfuração na plataforma.

O que se pode tirar do exemplo da BP? A empresa investiu muito na construção de imagem de organização preocupada com a sustentabilidade, o que inclui exigir que seus colaboradores atuem com base nos valores éticos, mas tudo indica que alguns deles não estavam adequadamente orientados.

A consciência ética determina que as decisões devam sempre ser analisadas sob o aspecto da ética.

No caso da BP, os responsáveis por decidir quanto ao conserto do defeito no equipamento de segurança e pela opção de desligá-lo certamente não consideraram o risco ao qual estavam expondo não apenas o pessoal que trabalhava na plataforma, mas também toda a companhia e um grande ecossistema, além do comprometimento dos meios de sobrevivência de inúmeras famílias.

Essas decisões implicavam dilemas éticos, já que consideravam não o custo do conserto em si, mas o quanto a BP perderia durante os dias de interrupção na operação de extração do petróleo.

Independentemente de qual foco de análise que um dilema ético pode ser submetido: utilitarista, integridade ou de princípios, a decisão tomada pelos responsáveis se mostra inadequada.

Sob a análise utilitarista das **perdas e benefícios**, fica evidente que o único benefício seria a manutenção da receita com a continuidade das operações. A análise da abrangência e dos possíveis prejuízos com a manutenção do risco de acidente era infinitamente maior.

Sob a análise da **integridade**, o que motivou a decisão foi unicamente a manutenção de receita com a continuidade das operações da plataforma. A integridade de consciência do responsável pela decisão seria, obviamente, a de arcar com os custos da interrupção das operações de extração de petróleo e garantir a segurança das pessoas envolvidas. Assim, a decisão de aumentar o risco de acidente também não está alinhada com a correção de propósitos.

Sob a análise dos **princípios**, o dilema do pessoal da BP seria respondido na primeira pergunta: "É certo não consertar um equipamento de segurança?".

Agora surge a pergunta: quanto custou à British Petroleum ou a "Beyond Petroleum" a falta de preparo de empregados para tomar decisões alinhadas com os valores éticos?

A CRISE ECONÔMICA AMERICANA DE 2008

O que aconteceu nos Estados Unidos nos anos anteriores à crise de 2008 foi uma cegueira endêmica de empresas, governos e cidadãos inebriados pela bolha imobiliária que possibilitava ganhos fáceis com operações de financiamentos de compra e venda de imóveis.

Sem entrar nos detalhes e nas inúmeras variáveis que deram origem a essa crise, vejamos de forma resumida e simplificada o que aconteceu no mercado americano nos primeiros anos deste século, apenas para demonstrar os gravíssimos desdobramentos que o comportamento antiético pode provocar.

Tudo começou quando executivos de bancos e seguradoras americanas optaram por manipular os resultados de suas respectivas empresas com o objetivo de fabricar lucros e aumentar bonificações.

A facilitação do crédito a juros baixos aumentou a demanda pela compra de imóveis e deu origem a uma espiral de valorização imobiliária que fez os preços dos imóveis subirem acima do que seria razoável.

Assim as operações de crédito passaram a ser lastreadas por garantias que, na verdade, não apresentavam valor real suficiente para assegurar o retorno dos investimentos em caso de inadimplência.

Enquanto durou a festa, muitos executivos ficaram milionários com o bônus anual. Os bancos apresentavam larga margem de lucro baseado nos investimentos hipotecários. Muitas pessoas de boa-fé venderam suas casas, recebendo à vista, para financiar a compra de outras maiores, melhores e mais bem localizadas. Com isso o consumo das famílias americanas cresceu vertiginosamente. Pequenos investidores também ganharam dinheiro com a compra e venda de imóveis.

Milhares de empresas de outros segmentos também usufruíram da febre de consumo americana, incluindo a construção civil, fábricas de móveis, de automóveis e muitos outros negócios e de várias partes do mundo que vendiam para o mercado americano.

Até que, por questões de políticas governamentais, que incluíam as despesas bilionárias dos Estados Unidos nas guerras do Iraque e Afeganistão, o déficit das contas públicas cresceu além das expectativas, e o banco central americano aumentou as taxas de juros. O aumento refletiu nas taxas cobradas nos financiamentos imobiliários, que eram pós-fixadas. Com as prestações reajustadas acima do esperado, milhares de famílias deixaram de pagar os financiamentos e de consumir.

Muitos passaram a tentar vender suas casas para quitar a dívida, mas sem novos financiamentos que facilitassem a venda, o preço dos imóveis despencou. Os bancos retomaram casas, mas também não conseguiam vendê-las, e seus balanços passaram a acusar altos prejuízos. A febre de consumo cedeu e seguiu-se uma forte recessão.

O estouro da bolha criada pela especulação imobiliária americana fez com que milhares de pessoas perdessem casa, poupança, emprego e saúde. Grandes empresas, respeitadas e aparentemente saudáveis, precisaram de socorro financeiro. O socorro governamental chegou a valores que somaram muitos milhões de dólares, euros, libras ou ienes, com o objetivo de tentar estancar a sangria e superar o estrago.

O medo do colapso era tão grande que o questionamento a respeito da ética na utilização de dinheiro público para cobrir rombos de empresas privadas nem chegou a ser levantado.

A falta de senso crítico chegou a tal ponto que várias empresas socorridas pelo governo americano, cujos executivos estavam comprometidos com a crise, cometeram a insanidade de pagar bônus por bom desempenho para estes mesmos funcionários.

Ora, partindo do princípio que bônus deveria premiar bons desempenhos, não se justifica manter o pagamento de bônus de altíssimos valores para os executivos cujo trabalho quase provocou o fechamento da empresa. A opinião pública foi mobilizada, e muitos dos que foram beneficiados tiveram que devolver o dinheiro ao caixa da empresa.

Simplificando, dá para afirmar que a crise americana foi fabricada por executivos ambiciosos, vaidosos, gananciosos, mas não necessariamente desonestos.

E o que dizer de uma muito bem conceituada empresa de auditoria contábil internacional que frauda o balanço de um de seus maiores clientes? A Arthur Andersen, criada em 1918, não resistiu ao escândalo de 2001, quando foi acusada de fraude contábil e fiscal por ter omitido a manipulação do balanço da então gigante de energia Enron, no valor de US$ 100 bilhões em receita.

Pessoas tomam decisões antiéticas por vaidade, ganância, inexperiência, falta de visão de futuro ou, até mesmo, ingenuidade. Para manter a ética, é preciso antecipar as possíveis consequências de uma decisão para buscar a manutenção da conduta virtuosa.

WELLS FARGO

O caso do banco norte americano Wells Fargo é uma aula sobre o que não se deve fazer quando se pretende realizar negócios éticos.

A partir de 2011, o banco californiano caiu em erro básico e comum ao sistema bancário do mundo inteiro: a venda casada, ou seja, a venda associada de dois ou mais produtos.

A venda casada é adotada por todos os bancos, geralmente de forma discreta. Entretanto, alguns empregados interessados em cumprir metas criam dificuldades em um produto no qual o cliente está interessado para oferecer solução se o cliente aceitar outro produto. O cliente deseja abrir uma conta ou obter um empréstimo, para isso precisa adquirir um cartão de crédito, título de capitalização ou seguro. Nada muito surpreendente, certo?

Só que o Wells Fargo decidiu incentivar a prática e orientou seus funcionários a informarem aos clientes sobre outros produtos premiando as vendas múltiplas — uma campanha de vendas interna.

O inesperado foi que, motivados, os funcionários fabricaram contas falsas em nome de pessoas que já eram clientes do banco.

Contas bancárias são tarifadas e, evidentemente, clientes começaram a reclamar e não aceitaram pagar taxas em contas que nem sabiam que tinham.

O escândalo foi noticiado nos grandes jornais do mundo inteiro em setembro de 2016. A empresa demitiu cerca de 5.300 pessoas, inclusive o CEO John Stumpf, até então altamente respeitado.

O banco, que enfrenta graves problemas em diferentes áreas de negócios, incluindo práticas "abusivas" nos créditos habitacionais concedidos entre maio de 2001 e dezembro de 2008, informou, em agosto de 2017, que o número de contas "potencialmente não autorizadas" é estimado em 3,5 milhões, número 70% maior que o informado inicialmente. O valor de US$ 3,7 bilhões está destinado a ressarcir clientes. Em setembro de 2016, o Wells Fargo pagou US$ 185 milhões em multa.

"Nós nos desculpamos com todos que prejudicamos pelas inaceitáveis práticas de venda que ocorreram em nosso banco de varejo", afirmou o executivo-chefe do Wells Fargo, Timothy Sloan, que substituiu John Stumpf.

Como um banco tradicional, com mais de 150 anos de história, comete um erro tão primário e demora tanto para descobrir? Os sistemas de controle eram falhos e não apontaram as contas falsas ou as ocorrências não foram consideradas para não atrapalhar o crescimento das operações?

Para piorar, o banco demorou a admitir o problema publicamente.

A questão mais alarmante é: como tanta gente adotou práticas evidentemente erradas?

O caso do Wells Fargo é diferente porque não foi provocado pela atitude de um ou dois executivos desonestos, o erro foi praticado por milhares de pessoas ao mesmo tempo e elas ainda foram recompensadas por isso.

Não se pode afirmar que empresas que investem no desenvolvimento da consciência ética tornam-se imunes a sofrer com as consequências de decisões equivocadas de seus empregados. Sempre que um problema envolve o comportamento humano, o número de variáveis envolvidas é tão grande que se torna impossível qualquer tipo de afirmação.

Entretanto, acredito que a criação, implantação e manutenção de um programa destinado a estimular colaboradores a pensar sobre o aspecto ético — e nas possíveis consequências — de suas decisões, desenvolvendo a consciência ética, pode alterar suas condutas, melhorando também o senso de responsabilidade quanto à observação crítica das atitudes de seus colegas.

Após a Segunda Guerra Mundial, com a disseminação das teorias socialistas radicais que combatiam a exploração da mão de obra e colocavam os empresários na posição de algozes, foi altamente difundido e aceito como verdade absoluta o conceito de que empregados e patrões ocupavam campos de batalha distintos e antagônicos.

Os interesses das empresas eram diametralmente opostos aos interesses dos trabalhadores, e essa visão foi absorvida por muitas gerações.

Agora, no século XXI, a evolução das relações de trabalho tem demonstrado que as coisas não precisam ser vistas dessa forma.

Até os movimentos sindicais já procuram negociar com base em análises mais cuidadosas. Percebem que a exigência de benefícios acima do razoável pode comprometer a saúde financeira das empresas. Melhor ter um emprego com remuneração assegurada pela viabilidade da empresa do que não ter emprego algum. Empresas que não conseguem apresentar equilíbrio financeiro vão à falência e acabam provocando o fechamento de postos de trabalho.

A visão das relações entre patrão e empregados deveria estar atrelada à percepção de que o crescimento da empresa representa a possibilidade de evolução da carreira e dos salários. Defender os interesses da empresa é também defender a manutenção do emprego.

A realidade é ainda bem diferente desse ideal. O que se percebe é que cada um quer o melhor para si. O que se tem como padrão é o empresário que só visa aumentar lucros, sem qualquer constrangimento quanto à exploração de seus empregados. Por outro lado, vemos empregados que procuram tirar vantagens agindo na defesa de seus próprios interesses, indo contra os interesses da empresa.

A falta de comprometimento com os valores éticos é tão acentuada que os profissionais que agem de forma honesta estão sujeitos a sofrer discriminação por serem considerados "muito certinhos". Incomodam porque não fingem estar doentes, não inventam viagens desnecessárias e não manipulam prestações de contas de suas viagens, não alongam atividades para parecerem muito ocupados ou para valorizar seus trabalhos, não abastecem suas casas com papel, canetas e outros materiais da empresa, etc.

Por que tudo isso acontece com tanta frequência? Provavelmente o leitor se lembrou de algum colega que se encaixa em algum desses exemplos. Vale também a autocrítica...

Esses comportamentos continuam a acontecer porque ninguém teve a coragem de falar claramente que não se pode agir assim. Acontecem porque essas pessoas não sofrem nem presenciam a punição de alguém que age com a mesma "esperteza".

Acredito que as pessoas honestas, íntegras e de bom caráter, que compõem a maioria dos trabalhadores, ficam incomodadas com isso. Porém, se os princípios não estiverem firmemente entranhados em suas consciências, com o tempo e a repetição de ocorrências, até elas podem mudar de ideia e achar que agir assim é normal. Parece errado, mas se tanta gente faz... é porque é aceito como normal.

Isso remete à forma de fazer política institucionalizada em alguns países, com destaque para o Brasil. Para alcançar objetivos que atendem aos próprios interesses, sejam financeiros ou eleitoreiros, parlamentares praticam graves desvios de conduta para o claro prejuízo de seus eleitores e de toda a população. Com o pretexto de obter dinheiro para o partido ou para se reeleger, ou com o "nobre" propósito de aprovar projetos que beneficiam sua região, a maioria segue um *modus operandi* sem qualquer questionamento ético. Rotinas que envolvem propina, privilégios ou benefícios indevidos são repetidas há tanto tempo que passaram a ser aceitas como naturais.

Como alterar essa realidade?

Não é um processo rápido e muito menos fácil, mas começa certamente pela educação direcionada aos princípios e valores éticos.

Deveria acontecer desde a infância, cabendo aos pais ensinar a diferenciar o certo do errado e a aceitar e respeitar as diferenças. As escolas, cujo objetivo é transmitir conhecimento, também deveriam ensinar a avaliar dilemas éticos e inibir condutas como o *bullying*, preconceito, racismo, segregação e tantos outros males presentes nas instituições de ensino.

Como este mundo ainda está apenas na imaginação, e não se pode esperar que famílias formadas por pessoas que não receberam orientações sobre conduta ética ensinem o que não sabem, entendo que o caminho inicial possível seria a atuação e o investimento das empresas na criação da consciência ética entre seus empregados.

Esse investimento, se bem executado, atenderia aos interesses das empresas que entendem que o caminho da sustentabilidade dos negócios, boa convivência e crescimento consistente passa pelo respeito aos valores éticos. Empresas que já investiram no estabelecimento de seus códigos de conduta e nos padrões de conformidade nos processos, mas que ainda não prepararam as suas equipes para conviver em uma empresa realmente comprometida com a ética, podem apresentar ambientes de trabalho tóxicos. Essas organizações precisam urgentemente assumir a responsabilidade de desenvolver a consciência ética de seus colaboradores.

É fundamental criar, divulgar e implantar adequadamente uma política de consequências para os desvios de conduta identificados. Caso contrário, estarão abrindo espaço para que seus empregados, principalmente gestores, continuem adotando comportamentos que prejudicam a qualidade dos negócios e visam atender a seus interesses pessoais e não aos da empresa, comprometendo a rentabilidade, tornando o ambiente empresarial insalubre e servindo de péssimo exemplo para as novas gerações.

Há que se destacar que não é justo implantar todo um programa voltado para a ética sem divulgar intensamente o que se espera do comportamento de cada colaborador. É um desafio que protege também as pessoas de boa índole de futuros erros causados pelo desconhecimento do que a empresa considera correto.

Importante lembrar que pessoas íntegras nascem em lugares diferentes, são educadas por pessoas com visões de mundo diferentes, em meios sociais e tribos também distintos e que, certamente, tiveram vivências variadas, criando concepções de vida e comportamento com características próprias. Com toda essa variedade cultural local, regional e até internacional, é absolutamente natural que elas apresentem visões diferentes sobre o que é ou não é ético.

A ética é flexível, varia conforme o ponto de vista de cada pessoa. Um bom exemplo é quando duas os mais pessoas disputam uma promoção. O selecionado vai entender que a escolha foi justa, mas os que foram preteridos dificilmente terão a mesma opinião a respeito do resultado.

Portanto, ser ético **não é** alcançar o consenso a respeito de tudo o tempo todo. Isso é impossível!

O que se pode fazer é orientar as pessoas sobre como identificar um dilema ético para evitar que decisões indiscutivelmente erradas sejam tomadas por desconhecimento, por inexperiência ou por falta de informações.

As pessoas se deparam com dilemas éticos todos os dias e sequer se dão conta disso. A maioria das decisões acontece sem muita análise. As soluções possíveis não chegam a ser avaliadas e são resolvidas quase que no "piloto automático". Só quando alguma coisa dá errado é que a pessoa se pergunta: "Onde foi que eu errei?".

Perceber que algumas condutas diárias envolvem decisões sujeitas a uma análise prévia de riscos e possíveis desdobramentos já é uma evolução que facilitaria a vida de muita gente. Pessoas preparadas para identificar os dilemas éticos e avaliá--los corretamente têm mais chances de evitar decisões equivocadas e de perceber, criticar e denunciar condutas antiéticas de outras pessoas.

Podemos comparar o investimento no desenvolvimento da consciência ética dos empregados aos investimentos em equipamentos de segurança e nos sistemas de controles internos. Pode parecer estranho a princípio, mas são investimentos que objetivam reduzir riscos de perdas operacionais.

Não obstante, o retorno do investimento no desenvolvimento de pessoas contribui para criar novas gerações mais éticas, pois os conceitos aprendidos na empresa serão, certamente, utilizados nos demais grupos sociais frequentados pelos empregados, como família, amigos, grupos religiosos e condomínios. Assim, as empresas estarão investindo também na melhoria da qualidade de vida não apenas de seus empregados, mas também de suas famílias.

Tornar natural a identificação prévia do aspecto ético de decisões importantes, ensinando a pensar nas possíveis consequências de uma atitude, vai influenciar decisões referentes ao trabalho, ao meio ambiente, à criação de filhos, ao convívio social e às relações humanas dentro e fora da empresa.

Assim, além de contribuir para a sua própria redução de riscos operacionais, as empresas realmente éticas estarão investindo em sua imagem institucional e, mais relevante ainda, influenciando na formação de uma sociedade mais justa e de um mundo melhor.

"Seja senhor de sua vontade e escravo de sua consciência."

Aristóteles

2
O que É Ser Ético?

Definir ética não é muito simples. Definir o que é "ser ético" é ainda mais complicado.

Ética é um conceito que todo mundo sabe o que é, mas não sabe explicar direito. Ser ético é um comportamento no qual se busca fazer sempre o que é certo. Ainda assim, é possível que uma atitude tomada com a intenção de fazer o bem seja considerada incorreta, ou não ética.

A ética voltou a estar na moda. Entretanto, ao que transparece por enquanto, a moda está apenas em criticar e cobrar mais ética dos outros, quando o ideal seria aumentar a preocupação em se autoquestionar, autovigiar e ter sempre a intenção de agir com ética.

A ética coletiva está na soma das atitudes de cada pessoa. Esse é o caminho para se chegar em um mundo onde as sociedades são mais respeitadas e respeitosas. Quantos conflitos seriam evitados se assim fosse!

A palavra **ética** se origina do termo grego *ethos*, que significa "modo de ser", "caráter", "costume", "comportamento". Em filosofia, a ética é o estudo desses aspectos do ser humano: por um lado, procurando descobrir o que está por trás do nosso modo de ser e de agir; por outro, procurando estabelecer as maneiras mais convenientes de sermos e agirmos.

Alguns teóricos defendem que o termo "ética" corresponde à palavra latina "*morale*", que tem igual significado. Vamos então considerar que ética e moral são palavras sinônimas, pelo menos em seu sentido histórico.

Entretanto, a moral estabelece regras comuns a uma sociedade, que são assumidas pelas pessoas. Ética é o que diferencia o que é bom ou mau, correto ou incorreto, justo ou injusto, conceitos esses que podem variar de pessoa para pessoa. Ou seja, a ética é pessoal e flexível. Varia conforme o ponto de vista do indivíduo que analisa cada situação ou cada dilema, com base em concepções próprias.

Há que se diferenciar o que é considerado ético do que é legal e/ou justo. Nem tudo que é legal, é ético. A doação de recursos milionários de grandes empresas para financiar campanhas eleitorais é legal em muitos países, como era no Brasil. Entretanto, a maior parte das doações cria um vínculo entre o político eleito e a empresa doadora. É evidente que cada doação pressupõe uma contrapartida e essa condição será oportunamente cobrada, não importando que os interesses da empresa doadora representem perdas para outras empresas menos poderosas ou contrariem o que é melhor para os eleitores, para as comunidades em geral, cidades ou o país inteiro.

Não raramente vemos decisões judiciais baseadas no que dita a lei que não estão afinadas com o senso comum de justiça. Basta ver a quantidade diária de bandidos, assassinos, estupradores, estelionatários e outros malfeitores presos que ganham a liberdade com deliberações judiciais embasadas na lei. Juízes éticos, por vezes, são obrigados a dar parecer favorável à soltura de marginais porque a lei assim determina.

Os dilemas éticos estão presentes no dia a dia de todas as pessoas, ainda que a maioria nem se dê conta disso. Esses dilemas podem ser decididos em frações de segundo, sem que se perceba que está fazendo uma escolha. Todavia, quando uma decisão passa por uma análise prévia, sempre será guiada por um dos três focos possíveis de avaliação:

1. Visão utilitarista — considera as perdas e os benefícios que a decisão vai ou pode provocar;
2. Visão focada nos princípios — que se ampara nas convicções pessoais de quem decide, sem considerar as consequências possíveis;
3. Visão focada na integridade — justificada pelas crenças pessoais que embasaram aquela decisão.

As decisões costumam sofrer interferência da cultura na qual o indivíduo está inserido. Quando a cultura estabelecida aceita o egocentrismo e o materialismo, valorizando o poder e o dinheiro, as decisões certamente sofrerão influência desses aspectos e podem ficar eticamente comprometidas, principalmente no que tange aos valores morais de honestidade e de sinceridade.

No Brasil existe um complicador: a aceitação, e até a simpatia, pela "esperteza" de pessoas que procuram meios alternativos e questionáveis para "se dar bem". Essa prática deu origem à expressão "jeitinho brasileiro", um costume do qual não deveríamos nos orgulhar. Na verdade, esse tipo de conduta ainda é comum e tolerada pela sociedade brasileira, inclusive entre pessoas, em teoria, esclarecidas.

Mesmo aceitando a hipótese de que a opção pessoal pela ética tenha um componente congênito, não podemos ignorar que cidadãos não nascem prontos, eles são formados. A cultura própria da sociedade em que cada pessoa está inserida, com suas crenças e costumes, assim como a religião e a educação que recebem em casa e na escola, formam conceitos de direitos e deveres que são assimilados continuamente desde o berço.

Qual a diferença entre os cidadãos dos países mais desenvolvidos e os cidadãos dos países menos desenvolvidos? Por que em países da Europa Ocidental, como na Alemanha, o serviço de metrô não necessita de barreiras ou qualquer outro tipo de equipamento para controlar o pagamento do bilhete e, ainda assim, as pessoas pagam "espontaneamente" por suas viagens? Por que as pessoas nascidas e educadas em países desenvolvidos respeitam mais as regras e as leis? Será porque as penalidades e multas são pesadas e realmente aplicadas aos que são pegos em flagrante delito ou será que a formação da cidadania explica tudo? Ou será, ainda, uma soma desses dois fatores?

Um exemplo interessante acontece ainda na infância dos estudantes brasileiros. Uma ideia enraizada há décadas nas escolas, públicas ou privadas, fomenta o conceito de que os alunos que fazem tudo muito certinho não são merecedores de admiração. Muito pelo contrário, esses alunos sofrem críticas, são alvos de deboche (ou *bullying*) e acabam até sendo excluídos e marginalizados pelos estudantes mais populares. Obter boas notas gera inveja e provoca qualificações desdenhosas como NERD ou "CDF", forma pejorativa de chamar alguém que fica muito tempo sentado para estudar.

Esse lamentável costume não é um padrão de comportamento universal.

O sistema de avaliação das universidades americanas para a seleção de novos alunos considera o histórico escolar, desde os primeiros anos de estudo, para definir aqueles que têm condições de ingressar em seus cursos.

Um aluno que estuda desde cedo na rede pública americana — *elementary, middle e high school* —, é avaliado permanentemente. A partir do terceiro ano do elementary, o aluno exemplar passa a estudar numa turma *"gifted"* (dos que possuem o dom da aprendizagem). Nessa turma, todas os *"grades"* (notas) passam a ter um peso maior, e a matéria é sempre mais difícil. Se o aluno continuar a tirar A e B+, ele vai manter-se como aluno diferenciado, só que a turma muda de nome: são os *"honors"* (respeitados). E assim ele vai até o *high school*.

Outro ponto que merece destaque é que o sistema público de ensino americano oferece oportunidades para que os alunos possam descobrir talentos que não aparecem em salas de aulas tradicionais, como o ensino de instrumentos musicais, canto, teatro, dança, artes plásticas e atividades esportivas. No Brasil, assim como em países menos desenvolvidos, uma criança tem mais dificuldade para descobrir talentos como esses.

Nos Estados Unidos não existem universidades gratuitas e são todas muito caras, mas existem bolsas de estudo. Para conseguir esse benefício, é preciso ter as melhores notas. Também conta pontos a favor o número de horas de serviços comunitários prestados pelos estudantes, uma forma de exercitar a humildade e conviver com as necessidades de pessoas carentes.

Outra diferença entre os sistemas de ensino brasileiro e americano é que lá, antes do curso universitário propriamente dito, existe o *college*, um tipo de curso introdutório aos cursos específicos. Os alunos podem cursar algumas matérias dessa etapa ainda no *high school*. Quanto mais matérias de *college* ele fizer no *high school*, mais ele vai ter chances na universidade, pois estará na frente dos colegas. Alunos com os melhores desempenhos têm acesso não apenas às melhores universidades como também a maiores percentuais de bolsas de estudo.

É claro que as melhores universidades selecionam os melhores alunos. Lá, quando um estudante aparece bronzeado num dia de prova e comenta que não estudou porque preferiu ir à praia, será observado com desconfiança quanto às suas pretensões.

Não obstante, é provável que a cultura americana de rotular as pessoas mal sucedidas de "*losers*" (perdedores), uma grande ofensa por lá, contribua para incentivar os alunos a buscarem melhores resultados.

Alunos que agem de forma irresponsável com relação às suas notas sabem que podem estar caminhando para se tornarem futuros perdedores.

Não entendo que o sistema americano seja perfeito; pelo contrário, está muito longe disso. O massacre psicológico imposto pelas regras do capitalismo impiedoso, em que a competição é a regra, não elimina o *bullying*, e alimenta o sentimento de imperfeição na vida dos estudantes.

Além disso, o sucesso profissional é representado não pela competência e satisfação no desempenho da função, mas pelo valor do salário e dos bens acumulados. O que chama a atenção no Brasil é que bons estudantes chegam ao cúmulo de negar que estudaram para a prova. Preferem dizer que "chutaram" as respostas e que contam com a sorte para justificar boas notas. Agem assim porque buscam ser bem aceitos pela turma.

Um costume brasileiro tolerado, mas que devia causar indignação, é a pratica da "cola" ou "pesca". Muitos professores sabem que a cola acontece durante as provas, mas preferem não reprimir a troca de informações entre os alunos por temer reações agressivas. Alunos que estudaram aceitam passar a cola para não serem marginalizados e excluídos.

Esse costume é preservado porque está protegido pela omissão dos professores, dos pais e dos diretores das escolas. Criou-se até uma expressão para justificar essa prática desonesta: "Quem não cola não sai da escola!" No Brasil a "cola" está institucionalizada, e raros professores se esforçam ou recebem apoio para combater essa praga.

Qual tipo de cidadão estamos formando ao permitir que costumes como esse sejam perpetuados?

Por outro lado, seria um exagero afirmar que a mudança no sistema educacional é a solução definitiva para a falta de ética. Se fosse assim, não haveria casos de conduta antiética entre americanos e europeus.

É preciso considerar a índole, o caráter ou a situação que cada pessoa está vivendo no momento em que toma uma decisão errada.

A decisão de um pai de corromper dois policiais que cobraram propina para não registrar a ocorrência de um atropelamento, ocorrido durante a madrugada em um túnel da zona sul do Rio de Janeiro, foi muito comentada na imprensa. O rapaz invadiu com o carro a pista que estava interditada e acabou matando um jovem de 18 anos que aproveitava a pista fechada ao tráfego para praticar *skate*. Na manhã seguinte, esse pai apressou-se em deixar o carro na oficina para apagar os vestígios do atropelamento. Que tipo de ensinamento esse pai pretendia passar a seu filho? Que o dinheiro deve ser usado como instrumento de perdão de erros irreparáveis? Será que o comportamento desse pai em situações anteriores serviu para incentivar o filho a achar que a sua condição social lhe permitia violar leis e regras? Talvez sim, talvez não, só a família pode responder a essa pergunta.

A compra do silêncio dos policiais corruptos só não aconteceu porque a vítima era o filho de uma atriz famosa e o acidente tornou-se motivo de comoção nacional.

Nesse caso em especial, a vítima também desrespeitou a ordem de interdição ao tráfego, mas há que se considerar que um passeio de *skate* não oferece maiores chances de acidentes graves nem coloca em risco a vida das pessoas que trabalhavam na manutenção do túnel. Já um automóvel em alta velocidade configura uma ameaça à integridade física dos trabalhadores que estavam naquela via.

O que precisa ser questionada é a intenção desse pai que, ao tentar usar de meios ilícitos para preservar a impunidade do filho, não demonstrou preocupação em saber que tipo de lição estava passando no que se refere à cidadania, ao respeito à vida alheia e à ética.

Por outro lado, é complicado condenar sem apelação as pessoas que fazem uma opção eticamente incorreta. Qual seria a atitude de quem se acha no direito de julgar a atitude alheia se estivesse passando pela mesma dificuldade da pessoa que agiu de forma condenável? Quem nunca conviveu com uma despensa vazia ou sentiu a dor da falta de dinheiro para comprar remédio para um filho doente não pode afirmar categoricamente que não cometeria falta alguma.

Além disso, ser classificada como uma pessoa totalmente ética não é fácil, pois os julgamentos são inevitáveis e obedecem a considerações pessoais variadas, muitas vezes implacáveis.

Filosofando um pouco a esse respeito, lembrando que uma das definições da ética é "fazer o bem", volto a ressaltar que o que representa o "bem" para uma pessoa pode representar o "mal" na visão de outra.

Cada decisão de um dilema ético exige uma opção por um caminho ou por alguém.

Diante de tantas situações e nuances envolvidas em cada dilema ético, é importante ter a convicção de que as decisões estão sendo tomadas com as melhores intenções e que essas decisões podem ser justificadas de forma transparente e coerente. São escolhas que encontram amparo na consciência de quem as faz.

O tema é polêmico e, por isso mesmo, encantador.

No livro *Vida Ética*, Peter Singer, filósofo e professor australiano, defende que, para ser ética, uma pessoa precisa estar com a consciência limpa.

Essa afirmação não deixa de ser válida, mas é importante considerar outros aspectos. Se aceitarmos essa premissa, ou seja, que quando o agente tem uma razão lógica e justa para os seus atos, calando a voz de sua consciência, significa que ele está sendo ético, podemos estar endossando atitudes completamente desonestas. É o caso de fraudadores, ladrões e homicidas que estão nas penitenciárias e que possuem argumentos coerentes para explicar as suas condutas, o que lhes permite não sentir qualquer tipo de arrependimento.

Outro exemplo é o estelionatário que aplica golpes em bancos e justifica seus atos afirmando que não considera roubo tirar dinheiro de uma empresa que existe para cobrar juros de pessoas necessitadas e que utiliza instrumentos pesados de cobrança. Ele criou uma "lógica" que explica a sua conduta e justifica assim o descumprimento da lei. É uma versão estilizada de Robin Hood.

Não pretendo defender esse ou aquele ponto de vista filosófico. O exemplo acima serve apenas para demonstrar o quanto a discussão sobre a ética, sobre o "ser ético", é sujeita a variadas interpretações.

Pessoas que nascem sem o benefício da "ética congênita" precisam aprender a diferenciar o certo do errado para discernir qual tipo de comportamento é virtuoso. Saber discernir o certo do errado pode ser muito difícil, mas uma vez que se tem certeza de qual comportamento é o correto, fica mais difícil optar pela decisão antiética, seja por força do clamor da própria consciência, seja por receio de ser descoberto e punido.

A atitude antiética de quem escolhe trilhar caminhos camuflados é costumeiramente mais vantajosa que a opção pela ética. No curto prazo, os resultados costumam ser mais atraentes, mais lucrativos e, por isso, tentadores.

Para fazer com que as pessoas que enfrentam tentações adotem o hábito de pensar melhor antes de agir, considerando o risco e todas as consequências possíveis, é preciso despertar nelas o temor pelas penalidades e castigos aplicáveis, assim como o costume de prever o julgamento que farão as pessoas que lhes são queridas, caso a sua falta venha a ser descoberta.

Partimos, assim, para outro aspecto da educação para a conduta ética: o despertar para o risco inerente ao comportamento antiético.

Quando apenas o medo alicerça a decisão ética, é porque a pessoa não desenvolveu corretamente a consciência. Nesse caso, a certeza ou a presunção da impunidade fará com que ela se sinta livre para agir, para levar vantagem por meio de fraudes, mentiras, omissões e demais atos condenáveis.

A certeza da impunidade estimula a opção pelo comportamento reprovável. A falta de temor pela punição torna o indivíduo mais propenso à prática da corrupção, seja ela ativa ou passiva, infringindo os valores morais da sociedade.

A falta de uma punição severa provoca injustiças e desigualdades sociais. Basta observar o volume de dinheiro público desviado no Brasil, tanto na instância federal, como na estadual e municipal. Políticos, governantes, empresários e agentes públicos foram flagrados, denunciados ou descobertos em esquemas de corrupção que causaram inestimáveis perdas na qualidade de serviços públicos como saúde, educação, segurança e infraestrutura.

Apesar de tantos escândalos revelados em várias operações de investigação conduzidas no Brasil nos últimos anos, em especial o admirável trabalho e a coragem do Juiz Sérgio Moro, que lidera a Operação Lava Jato, ainda há muito a ser feito para estancar ou reduzir a ganância irresponsável, egocêntrica e cruel.

O poder das empresas para educar o pensamento ético é determinante para o avanço cultural de sociedades ainda distantes do modelo que já existe nos países mais bem posicionados nos relatórios das pesquisas anualmente realizadas pela organização *Transparency International*.

As empresas que pretendem ser éticas e sustentáveis, sendo parte interessada na mudança cultural da sociedade, têm um papel decisivo como agente de transformação à frente desse desafio.

O que acontece hoje é cumplicidade na omissão por parte de professores, gerentes, diretores e gestores em geral.

Claro que não se pode pretender um puritanismo ou perfeição total da sociedade. O que se faz necessário é um trabalho de conscientização social. Para que isso aconteça, as escolas e empresas têm de cuidar da educação de seus alunos e empregados no que se refere a disciplinas humanas, como a filosofia, que insere a temática da ética.

É preciso provocar discussões construtivas acerca de assuntos polêmicos do cotidiano, sempre respeitando a universalidade de pensamento. A discussão traz o crescimento intelectual e pessoal e aprimora o discernimento quanto a valores e ideais a serem atingidos para o próprio crescimento pessoal e profissional.

Ser ético é respeitar leis e regras, ou questionar leis e regras injustas e inadequadas. Ser ético é respeitar as pessoas, independentemente de sua raça, religião, opção sexual, idade ou situação socioeconômica. Ser ético é reconhecer e valorizar talentos, dando oportunidades com isenção na avaliação de competências e independentemente de "preconceitos". Ser ético é liderar pelo convencimento e pelo próprio exemplo, buscando o consenso; não por opressão. É agir com lealdade, justiça, correção e, principalmente, verdade. É optar pela decisão e pela conduta virtuosa na defesa dos interesses comuns à sociedade, à empresa e ao próximo, inclusive quando essa opção não é aquela que melhor atende aos próprios desejos. Ser ético é cumprir os próprios deveres e reconhecer direitos alheios, evitando agir de forma invasiva ou inconveniente e respeitando o espaço das outras pessoas. Ser ético é ser transparente com relação às próprias atitudes.

Ainda assim, as pessoas éticas serão alvo de críticas, mas, caso seja preciso, terão argumentos convincentes para defender as suas atitudes.

Carlos Legal, consultor organizacional especializado em liderança, gestão de pessoas e qualidade de vida, é um estudioso de Yoga e suas aplicabilidades em ambientes organizacionais. Para ele, a boa conduta atrai verdadeiros relacionamentos: "Tratar os outros com gentileza e honestidade facilita nossas relações, obviamente, pois as pessoas apreciam ser tratadas assim. A paz vem justamente da integridade e da coerência em saber que nossas ações refletem exatamente aquilo que acreditamos e apreciamos. A falta de fidelidade àquilo que acreditamos também prejudica o 'eu' interior. A incoerência (por exemplo, apreciar a verdade e não aplicá-la plenamente) traz conflitos internos, pois manter uma mentira exige muita energia mental. E isso vale para tudo.", afirmou o consultor.

"Nossa cultura e nosso estilo de vida moderna perderam o senso do 'dever' e enfatizam exageradamente os 'direitos'. É obrigação de cada um ser verdadeiro, não violento, não desejar o que não lhe pertence e dominar os instintos. São princípios encontrados em muitas tradições de conhecimentos milenares. Esses são alguns dos valores que esperamos dos outros, mas todos nós temos dificuldades de absorvê-los cem por cento em nossa conduta. Esse é um exercício comportamental, talvez dos mais difíceis para um ser humano. A ausência de princípios éticos numa sociedade gera o caos.", disse Carlos Legal.

Finalmente, buscando contribuir para orientar aqueles que pretendem ser éticos, mas que se veem diante de dilemas de difícil solução, podemos seguir duas orientações que, se não chegam a constituir verdades absolutas, podem ao menos amparar a defesa de uma determinada decisão.

Simplificando o pensamento de Kant: "Não faça aos outros aquilo que você não gostaria que fizessem a você."

Outro caminho é imaginar a reação que vai causar nas pessoas a publicação de sua conduta nos principais meios de comunicação da região em que vive. Se for causar constrangimento, se a decisão não puder ser explicada com argumentos verdadeiros e coerentes, provavelmente a conduta em questão é antiética, embora não necessariamente criminosa.

"Não basta ao homem ser inteligente.
Mais do que tudo, é preciso ter caráter".
Ralph Waldo Emerson — *filósofo norte-americano*

3

Vale a Pena Ser Ético?

Depois de descrever o que é o **ser ético**, e supondo que a descrição tenha sido bem-sucedida, podemos passar à questão: "Qual é a vantagem de ser ético?".

Essa é uma pergunta capciosa! Existem muitas pessoas que gostam de agir com esperteza, sentem-se recompensadas quando entendem que conseguiram levar vantagem em cima de outra pessoa e por isso se sentem superiores.

O objetivo deste capítulo é, no mínimo, ousado.

Parte do princípio de que, sendo capaz de demonstrar as vantagens obtidas pelas pessoas que agem com correção ética, a consequência natural será a de convencer mais pessoas a experimentarem como é a vida sem o estresse de se arriscar desnecessariamente, abrindo mão de vantagens passageiras para sentir a sensação de tranquilidade que o "ser ético" proporciona e os benefícios que virão ao longo do tempo.

Aliás, já dizia Jorge Ben Jor na música Galileu da Galileia: "se malandro soubesse como é bom ser honesto, seria honesto só por malandragem…".

Somos humanos, pensamos, sentimos e agimos de forma muito distante da perfeição. Estamos, portanto, sujeitos a erros de avaliação e de julgamento ou incapazes de resistir a algumas tentações que se apresentam tão estimulantes.

Uma mentirinha boba aqui, uma pequena vantagem em um negócio ali, algum lucro mais interessante acolá… Significa que somos pessoas más, condenadas ao inferno ou seja lá pra qual lugar vão as almas que agiram de forma contrária ao que seria bom e correto?

Como seres humanos que somos, jamais estaremos livres dos erros; afinal, como diz acertadamente o ditado: "errar é humano!".

Apesar disso, o maior objetivo a ser alcançado ao defender a opção pela conduta ética é o de evitar o erro consciente, muitas vezes arquitetado por quem sabe que está agindo mal e, ainda assim, assume o risco inerente às atitudes condenáveis ou desonestas.

Todos nós sabemos que roubar é crime. Então, por que tanta gente rouba? Certamente, na maioria das vezes, os ladrões não estão sendo motivados pela fome ou por alguma outra situação emergencial. Da mesma maneira, todos os motoristas sabem que é muito perigoso ultrapassar no meio de uma curva, sem ter a menor ideia do que pode estar vindo na direção oposta. Ainda assim, muitos aceleram e ultrapassam, arriscando inclusive a própria vida. As duas atitudes — roubar e ultrapassar em local proibido — têm em comum o alto risco de provocar péssimas e irreversíveis consequências.

Na verdade, o respeito às regras não livra ninguém de um acidente ou de uma acusação injusta, mas o risco é muito menor. Se não se pode controlar o destino, pelo menos é possível evitar criar ameaças e resistir às tentações que surgem no caminho.

Quem nunca viu alguém ultrapassando perigosamente nas estradas e se encolheu ante a possibilidade de um grave acidente? Quantas vezes não respiramos aliviados porque um carro conseguiu desviar no último segundo para evitar uma batida frontal com um caminhão pesado? A impaciência e a imprudência fazem com que muitos se arrisquem não apenas a perder suas vidas, mas acabar com outras vidas inocentes. É provável que a maioria dessas pessoas não tenha avaliado apropriadamente antes de decidir ultrapassar, apenas imaginou que, por alguma proteção divina, estaria livre de encarar um caminhão pela frente. Pode até ser um hábito criado pela irresponsabilidade e alimentado pela sorte em ocasiões anteriores. Arriscar significa "expor a risco", o que implica em alto índice de possibilidade de dar errado.

Optar por não ser ético é mais ou menos a mesma coisa.

E é por isso que tantas empresas começaram a se preocupar com a ética nos negócios. Manter a ética nos negócios, inclusive nas situações que implicam redução da receita bruta, tende a aumentar a lucratividade da empresa, reduzindo despesas necessárias para consertar erros, ao mesmo tempo em que contribui para melhorar a imagem e ganhar credibilidade.

Então a opção pela ética é uma decisão óbvia? Deveria ser, mas, infelizmente, ainda não é, pois exige renúncia.

A ilusão de ver uma receita inchada é capaz de embaçar a visão de muitos executivos e investidores.

O que fez o mercado internacional começar a mudar de atitude foi a tomada de consciência do risco inerente aos negócios realizados sem comprometimento ético. Grandes empresas sucumbiram por causa de um único negócio mal construído.

Aqui no Brasil temos um exemplo disso. A Sadia era conhecida como uma empresa modelo de alimentos de origem animal. Foi das primeiras a adotar os princípios de "qualidade total". Nos anos 1990, seus executivos foram várias vezes ao Japão, acompanhando o professor Vicente Falconi na época em que ele trouxe para o Brasil esses princípios.

Entretanto, por força da política cambial do governo que passou a expor a riscos a rentabilidade dos exportadores, o Banco Central criou uma alternativa perigosa em operações financeiras de *swap reverso* que permitia às empresas exportadoras recuperar nas operações do mercado financeiro suas eventuais perdas nas operações negociais. O que era para ser administrado como um remédio podia ser também uma fonte de ganho extra e, desse modo, tornou-se importante fonte de receita para a Sadia. Durante algum tempo, a tesouraria respondeu pela maior parte dos lucros da companhia. O sucesso foi desarmando os controles internos. A cada dia aumentava a aposta da companhia nas operações de *swap* reverso e de derivativos.

Em setembro de 2008, quatro dias antes da quebra do Lehmann Brothers, Adriano Ferreira, então diretor financeiro, dobrou a aposta. O destino de uma empresa com 60 anos de vida foi definido naqueles quatro dias. Quando sobreveio a crise, o dólar explodiu e a empresa entrou em pânico. Imediatamente anunciou seu prejuízo de R$ 760 milhões e não quis apostar na queda do dólar. Foi o fim de uma era.

A Sadia teve de aceitar ser absorvida pela Perdigão, sua principal concorrente. Ironicamente, poucos meses antes da quebra, a Sadia havia tentado comprar a Perdigão.

UM POUCO DA HISTÓRIA DA ÉTICA NO MERCADO

Nos anos 1960, o mundo vivia o deslumbramento da força dos canais de comunicação de massa. A televisão ainda engatinhava. Tudo que era anunciado na nova mídia vendia como água em tempos de seca. Os melhores vendedores vendiam o que não era necessário para quem comprava sem precisar e sem ter dinheiro para pagar.

A busca pelo crescimento no volume de vendas deu origem às técnicas de marketing. O objetivo era vender cada vez mais e não havia a menor preocupação com a satisfação do cliente ou com a qualidade do produto ou ainda se aquele produto atenderia às necessidades do cliente.

Por causa dessa explosão das forças de venda, alguns teóricos europeus começaram a perceber que a relação desleal entre empresas e clientes resultava na descontinuidade dos relacionamentos e dos negócios. Sentindo-se desrespeitado, enganado e prejudicado, o cliente não voltava a comprar daquela empresa e ainda se queixava com a família e os amigos que, consternados e indignados, assumiam para si a revolta alheia e também deixavam de comprar daquela mesma empresa (ou aquele produto) por medo do prejuízo.

O desejo dos fabricantes e lojas de varejo em ver suar marcas anunciadas na TV era tão grande que sequer se preocupavam em planejar o possível aumento da demanda. O "público-alvo" era determinado por todos os habitantes da região. A preocupação de segmentar o público não existia, pois anunciar era muito barato. Não havia preocupação com a logística de distribuição, muito menos com o serviço de pós-venda.

Enfim, era a explosão do mercado de consumo. Vender e lucrar muito era tudo o que importava.

Mas o tempo foi passando e o mercado, evoluindo. Os espaços para anunciar produtos na TV, que eram disputados pelas agências de publicidade, ficaram muito mais caros devido à força da lei da oferta e da procura. O cliente começou a reclamar quando não ficava satisfeito com o produto. Começou a querer seu dinheiro de volta e a recorrer à Justiça.

Sem querer contar toda a história do mercado de consumo, penso que já ficou entendido que, aos poucos, os empresários perceberam que precisavam mudar para não perder rentabilidade e continuar existindo. Precisavam saber quem eram seus clientes (público-alvo), o que eles queriam e qual a forma menos onerosa de chegar até eles. Passaram a cuidar da qualidade do produto, do aprimoramento do atendimento, e a selecionar os espaços na mídia conforme o perfil da audiência.

O próximo passo, e que ainda não é seguido por muitas empresas, foi investir nos serviços de pós-venda.

Nos anos 1980 e 1990, o marketing começou a ser a menina dos olhos das melhores empresas. Os profissionais da área passaram a participar do planejamento estratégico das empresas. A logística surgiu e ganhou enorme destaque, reduzindo custos com o aperfeiçoamento da produção e da distribuição. Com a competitividade ameaçando a sobrevivência das empresas, reduzir custos para baixar preços, mantendo o padrão de qualidade e a lucratividade, era o maior objetivo.

O cliente passou a ser chamado de "rei", e a busca pela qualidade total virou condição de continuidade dos negócios.

A tecnologia acelerou barbaramente o processo de globalização.

O ritmo das mudanças passou a ser frenético.

A importância da ética nas empresas começou a crescer na década de 1980, com a redução das hierarquias e a maior autonomia dada às pessoas. Os chefes, verdadeiros caudilhos que não admitiam ser desobedecidos, começaram a ter suas atitudes e decisões questionadas e foram obrigados a ouvir seus subordinados. Já não tinham o mesmo poder para determinar o que era certo ou errado nem para controlar a atitude de todos.

Em 1996, o mundo ficou sabendo que a Nike, prestigiada marca de produtos esportivos, subcontratava empresas que utilizavam mão de obra infantil (sobretudo na Ásia) para a confecção de roupas esportivas, bolas de futebol e tênis. Em 2001, um documentário da BBC de Londres revelou a ocorrência de trabalho infantil e as más condições de uma fábrica no Camboja usada pela Nike. No documentário, seis meninas eram entrevistadas e afirmavam que trabalhavam sete dias por semana, muitas vezes 16 horas por dia. A empresa reconheceu que, de fato, o problema existiu, e comunicou sua decisão de cancelar contratos com as empresas fornecedoras que mantivessem essa prática.

A Nike, durante anos, sofreu com campanhas por boicote aos seus produtos. Foi uma das primeiras empresas a sofrer prejuízos com o desgaste de sua imagem por questões éticas.

Em 2000, a Enron Corporation, estabelecida em Houston, no Texas, com aproximadamente 21.000 funcionários, que chegou a ser a sétima maior companhia dos EUA e uma das maiores do mundo em distribuição de energia, gás natural e comunicações, com um faturamento que alcançou US$ 101 bilhões, quebrou em poucos meses em meio a um grande escândalo financeiro.

A alta administração da Enron utilizava um estratagema nas demonstrações contábeis para manipular seus resultados financeiros que estavam no vermelho já havia algum tempo. O caso Enron foi a primeira crise de confiança enfrentada pelos EUA desde a quebra da bolsa de valores em 1929.

Após perceber que poderiam contabilizar os ganhos futuros como receita corrente, a administração da Enron passou a manipular suas demonstrações financeiras inserindo nos balanços receitas inexistentes, aumentando a lucratividade e fazendo com que o preço das ações disparasse no mercado financeiro. A política de conceder bônus para remunerar funcionários com as próprias ações da empresa fazia com que essa prática fosse lucrativa para todos os acionistas, inclusive altos dirigentes, investidores e bancos.

Para consolidar a fraude, a Enron necessitava de pareceres favoráveis em seu balanço e, para isso, contou com o aval e conivência de uma conceituada empresa que lhe prestava consultoria contábil, a Arthur Andersen, como já exposto no Capítulo 1 deste livro.

Na época não houve qualquer questionamento quanto à incompatibilidade entre as duas atividades exercidas pela Arthur Andersen com a Enron — consultoria contábil e auditoria. O conflito dessas atividades acontece porque, se, por um lado, a auditoria tem como função verificar as demonstrações financeiras da corporação de forma isenta e transparente, por outro, a atividade de consultoria contábil está diretamente relacionada à otimização de lucros e processos internos, que muitas vezes se distanciam do dever de transparência da auditoria.

Aliando-se a uma política de administração inescrupulosa, a Arthur Andersen conseguiu ludibriar os investidores, clientes e especuladores que investiram em papéis da empresa na busca de retornos maiores e mais seguros.

O caso Enron foi decisivo para o início de mudanças radicais contra fraudes financeiras nos EUA.

Com o intuito de recuperar a confiança dos investidores e evitar novas fraudes e prejuízos na economia, foi criada a Lei Sarbanes-Oxley (SOX), que estabelece mecanismos de auditoria e normatiza o sistema financeiro com a criação de comitês e comissões encarregados de supervisionar as atividades e operações a fim de diminuir os riscos nos negócios.

Atualmente, grandes empresas brasileiras com atuação no exterior seguem a Lei Sarbanes-Oxley.

O filme lançado em 2005, *Enron: Os mais espertos da sala*, dirigido por Alex Gibney, demonstrou a forma maliciosa e desonesta como a empresa era gerida e como as demonstrações falsas, amparadas por uma empresa de auditoria respeitável, conseguiram enganar os maiores especialistas do mercado financeiro.

Os casos da Nike e da Enron levaram estrategistas empresariais a pensar sobre a ética nos negócios como um dos fatores-chaves para o sucesso.

Os consumidores passaram a demandar empresas éticas.

Profissionais talentosos, empenhados em construir sólidas carreiras de sucesso, passaram a avaliar e a escolher trabalhar em instituições comprometidas com a ética e que ofereciam melhores benefícios como plano de saúde e previdência privada.

Investidores preocupados com o retorno de suas aplicações passaram a selecionar melhor as empresas de seus portfólios, dando preferência àquelas com menor risco de envolvimento em negócios irregulares, evitando as mais sujeitas a perdas com multas, ações judiciais e outros prejuízos.

Fica claro que as empresas começaram a mudar porque foram forçadas a isso, porque queriam assegurar sua sobrevivência em mercados conscientes e mais exigentes.

Ao mesmo tempo passaram a investir em projetos relacionados à sustentabilidade ambiental, ao apoio a comunidades carentes e às minorias para construir a imagem de empresa confiável e comprometida com a sociedade. Investimentos direcionados à reciclagem do lixo, ao reflorestamento, à preservação de reservas ecológicas e de espécies ameaçadas de extinção passaram a receber apoio financeiro.

A opção empresarial pela ética nos negócios, que é o somatório dessas ações, tornou-se condicionante para assegurar resultados de longo prazo e atrair investidores, clientes, empregados qualificados e bons fornecedores.

Prêmios, certificados e honrarias começaram a ser concedidos às empresas que apresentavam programas de maior abrangência e efetividade.

A mudança da cultura empresarial fez com que alguns bancos (logo eles, que ganham com a compra e venda de dinheiro), passassem a investigar a destinação e o tipo de negócio para o qual um empréstimo estava sendo solicitado. Passaram também a oferecer consultoria para clientes do setor industrial que agrediam o meio ambiente, a fim de buscar novas formas de trabalho e solução para problemas. Afinal, clientes antiéticos apresentam maior risco de inadimplência.

Indústrias de móveis de madeira foram orientadas a valorizar e trabalhar para o reflorestamento. Indústrias de pesca predatória aprenderam sobre a criação em cativeiro ou sobre opções de negócios para a época do defeso. Fornecedores foram pressionados e orientados a rever seu método de produção, sob pena de perder grandes clientes.

O movimento das boas práticas administrativas na busca de atender aos interesses da empresa, que nem sempre são iguais aos interesses de sócios e acionistas, deu origem ao sistema de governança corporativa, que tem como princípios básicos a transparência nas informações, a equidade nas relações e a responsabilidade pelas ações e pelos resultados obtidos.

Paralelo a isso, as empresas perceberam a importância de melhorar a qualidade de vida dos colaboradores. Para isso, foram criados ou aprimorados programas como:

- Estímulo à graduação e pós-graduação;
- Plano de previdência privada;
- Plano de saúde;
- Aprendizado de um segundo idioma;

- Investimentos na prevenção aos acidentes de trabalho;
- Aumento da carga de cursos para o desenvolvimento de habilidades específicas, como liderança e *coaching*;
- Melhoria das condições de trabalho e prevenção de doenças como a DORT — Distúrbios Osteomusculares Relacionados ao Trabalho.

Na busca de atrair os melhores talentos, as empresas aumentaram significativamente o leque de benefícios oferecidos.

Em resumo, a preocupação com a ética nos negócios não surgiu por opção, mas por causa da necessidade de acompanhar a evolução da sociedade, dos mercados e dos consumidores.

Apesar de toda essa evolução na relação empresa × empregados, que incluiu a criação dos comitês ou comissões de ética, códigos de conduta e canais de denúncia, em 2008 aconteceu a crise norte-americana que, como já visto no capítulo anterior, teve alcance mundial e foi semeada pela falta de ética de executivos de grandes corporações do mercado financeiro norte-americano. Provavelmente, muitas das empresas que deram origem à crise já tinham aplicado a cartilha da sustentabilidade. Apesar disso, viram-se expostas à atuação antiética, desleal e criminosa de seus empregados.

A British Petroleum, uma empresa que já era reconhecidamente comprometida com as ações de ética e sustentabilidade, foi responsável por um acidente que poderia ter sido evitado se o processo decisório interno fosse mais bem trabalhado em seus aspectos éticos. Certamente, a pessoa responsável pela decisão final de não parar a produção de petróleo para não perder 500 mil dólares/dia foi incapaz de antever o tamanho do prejuízo financeiro, institucional, social e ecológico que essa decisão poderia provocar.

Voltando à questão inicial: Vale a pena ser ético?

Ser ético pode não ser vantajoso quando se pensa a curto prazo, ou seja, quando não se tem visão de futuro.

Quem não age com ética ganha mais, seja dinheiro, reconhecimento ou prestígio.

A falta de ética tem em comum com o uso de drogas o perigo do primeiro contato. Se a pessoa age de maneira errada, consegue alguma vantagem, não é descoberta e consegue conviver em paz com sua consciência, ela deverá ter muito mais dificuldade em resistir a agir errado em situações futuras.

Ser ético exige reduzir lucros com negócios escusos; envolve perder oportunidades tentadoras e abrir mão de interesses próprios em benefício de interesses nobres e coletivos.

Ser ético só será vantajoso para aqueles que pretendem assegurar a sua própria reputação e a da empresa.

Ser ético é vantajoso para aqueles que só se sentem recompensados quando crescem apoiados em seu próprio mérito e talento, com a segurança de quem pode ser absolutamente transparente quanto à conduta que adota e quanto aos meios utilizados para obter sucesso.

Ser ético é vantajoso para quem não suporta viver sob a ameaça de comprometer sua credibilidade, sua reputação e perder o respeito das pessoas, incluindo pais, cônjuge, filhos e amigos.

Ser ético tem a ver com permanência, com longo prazo, com sustentabilidade.

Claro que nada na vida pode ser considerado matematicamente seguro. As pessoas éticas estão sujeitas a sofrer injustiças e tornarem-se vítimas de atitudes antiéticas de outras pessoas. Podem também cometer erros involuntários.

Existe ainda outro inconveniente que cerca as pessoas de bem: elas podem incomodar muito. Isso acontece porque elas representam um risco para aqueles que agem sem compromisso com o que é correto e honesto. Assim podem ser vítimas de "armações" para derrubá-las, neutralizando o poder de fogo de suas denúncias.

A questão maior envolvida na conduta ética é a manutenção da paz de espírito. É a tranquilidade de não estar cometendo atitudes que provocam a apreensão com o risco de ser descoberto, julgado e condenado.

Tornar ética uma pessoa habituada à prática antiética, uma pessoa acostumada a conviver com os riscos das consequências de seus atos, é tarefa muito difícil. Sua percepção de sucesso pessoal, a certeza irracional da impunidade, o desfrute das vantagens obtidas e até a admiração das pessoas próximas e desavisadas criam o vício de seguir sempre o caminho mais rápido e fácil. Apenas quando for desmascarada e sentir o castigo na própria pele ou no próprio bolso, ela terá a chance de entender que não vale a pena.

Por outro lado, não é justo negar a qualquer pessoa, independente de sua origem e de sua história de vida, a oportunidade de receber informações que permitam o desenvolvimento de sua consciência ética. Essa oportunidade pode ser determinante para a construção de sua visão e decisão diante de situações futuras. Conhecendo e debatendo sobre o que é considerado certo ou errado, seja pela sociedade, seja pela empresa, estando cientes quanto aos riscos e penalidades previstas, elas poderão avaliar melhor as inúmeras variáveis das consequências de seus atos.

Por fim, é de fundamental importância, para quem acredita que pode colaborar com a reforma de valores da sociedade, entender que seu comportamento está sendo observado (vivemos o tempo *Big Brother*) e que sua conduta vai servir de exemplo (bom ou mau) e será julgada por seu círculo de relacionamentos, em especial filhos e colegas de trabalho.

Um bom exemplo de conduta fala mais que milhares de palavras. Não há nada mais didático e eficaz que o exemplo observado. Com bons exemplos se demonstra ser possível alcançar o sucesso perene sem transgredir valores, compreendendo que a sociedade é a soma das atitudes de cada pessoa no seu dia a dia.

O consultor em gestão de pessoas, liderança e qualidade de vida, Carlos Legal, alerta: "Conseguir ser ético no trabalho é um processo um pouco complicado para algumas pessoas, e pode levar um tempo para ser incorporado... Há dois caminhos para desenvolver os valores: o primeiro é treinar, treinar e treinar tais comportamentos. O segundo é ter consciência do prejuízo da ausência desses valores." Legal também afirma que devemos mudar para mudar os outros. "Como disse Gandhi: 'Seja você próprio a mudança que quer ver no mundo'. Começa da célula, começa no indivíduo a mudança de qualquer organização à qual pertencemos. Se mesmo praticando o bem e seguindo a ética você não consegue realizar seus sonhos, talvez seja a hora de repensar sua vida e suas prioridades. Ou procurar uma empresa na qual você se sinta mais confortável." Carlos Legal afirma que existem muitas empresas que gostam de pessoas com bons valores: "As companhias apreciam comportamentos éticos e a ética é balizada por valores. A propósito, cerca de 70% dos executivos são demitidos mais por ausência de ética do que por não alcançarem resultados. Se o salário for menor, reflita atentamente sobre o que é importante para você. Às vezes, vale mais a pena ganhar menos e ser feliz."

Para mudar, é necessário parar de esperar que o governo e os políticos façam o que é considerado certo, e passemos a fazer o certo que está ao nosso alcance. Assim, fazendo a nossa parte, estaremos agregando valor à sociedade.

É um processo lento? Sem dúvida! Mas talvez seja o único que podemos começar agora.

Se as maiores e melhores empresas, geridas pelas cabeças mais bem preparadas do mundo, que estudaram nas melhores universidades, chegaram à conclusão que ser ético é o melhor caminho e estão investindo pesado nesse objetivo, é melhor não duvidar disso.

Afinal, em qual carro você prefere viajar? Naquele guiado por um motorista que comete infrações e se arrisca em ultrapassagens perigosas, mas pode chegar mais rápido, ou naquele que é guiado por uma pessoa responsável, obediente às regras, que tem uma chance muito maior de chegar ao destino, ainda que um pouco mais tarde?

E com qual tipo de empresa é preferível manter relacionamento, seja como funcionário, fornecedor, cliente ou sócio/acionista?

"Que vantagem têm os mentirosos?
A de não serem acreditados quando dizem a verdade."
Aristóteles

4
Lucro e Risco do Negócio

A opção pela ética é o caminho que diminui o risco operacional de qualquer empresa. Uma empresa ética tem clientes satisfeitos, fornecedores confiáveis e confiantes, funcionários e gestores que acreditam na idoneidade de seus empregadores, alimentando parcerias em que os dois lados se sentem recompensados. Assim, a empresa desfruta de um círculo virtuoso em que a tendência é a melhoria contínua.

Não obstante, tanto na vida pessoal como no mundo dos negócios não existe certeza de sucesso e de permanência. Empresas éticas podem ser abaladas por crises econômicas, por novas tecnologias que tornam seus produtos obsoletos, por concorrência desleal e até por desastres climáticos. Diante dessa realidade incontrolável, encontramos defensores da teoria de que é melhor ganhar muito por pouco tempo do que arriscar um futuro imprevisível.

Impossível negar a lógica desse raciocínio. Uma empresa que atue com ética certamente terá um lucro menor que a concorrente que trabalha focada no curto prazo, preocupada em ganhar o máximo possível enquanto for viável.

Entretanto, o sentido dessa lógica não considera o longo prazo nem as prováveis ações judiciais a que os negócios antiéticos poderão dar causa, se prolongando por muitos anos após a empresa encerrar as suas atividades. Negócios mal realizados trazem prejuízos a uma das partes: se alguém ganhou mais do que o razoável, outro alguém perdeu. Empresas e pessoas que fazem negócios e praticam atitudes antiéticas repetidamente criam uma legião de pessoas insatisfeitas, e muitos recorrem à justiça para buscar reverter seus prejuízos. São pessoas indignadas que não medem esforços para recuperar perdas materiais e danos morais.

A maioria dos que decidem abrir uma empresa o fazem com o objetivo de gerar renda por muito tempo, e não apenas para aplicar golpes. Claro que existem os trapaceiros de plantão que já iniciam o negócio com o intuito de ganhar dinheiro em cima de gente inocente. Não raro vemos reportagens com noivos ou estudantes que pagaram antecipadamente valores expressivos a empresas organizadoras de eventos para a realização de festas de casamento/formatura e que viram seus sonhos destruídos por profissionais inescrupulosos que desaparecem de uma hora para outra. Em casos assim, é comum que os prejudicados acabem se reunindo para buscar recuperar as suas perdas na justiça. Depois de algum tempo (às vezes muito tempo) os golpistas estão endividados, com bens bloqueados e com a reputação destruída devido a registros criminais, e até sujeitos ao escrutínio público que os impedirá de recomeçar, ainda que arrependidos. Mudar de cidade ou estado pode parecer uma alternativa para escapar de pagar as dívidas, mas, atualmente, com o avanço da tecnologia, essa solução está cada vez menos eficaz.

A ética e o lucro andam lado a lado com a permanência da empresa ao longo do tempo, ou seja, a sua sustentabilidade.

Muitos são os riscos que ameaçam a sobrevivência empresarial e a maioria deles independe de controles internos. E se são incontroláveis e imprevisíveis a longo prazo, há que se lidar com isso.

A busca da ética nos negócios implica custos e investimentos como os sistemas e rotinas para o controle da conformidade e o desenvolvimento da consciência ética. A diferença é que esses custos podem ser previstos e avaliados, sendo, portanto, controláveis enquanto a constância na realização de negócios antiéticos gera custos administrativos com a reparação de danos de valores imprevisíveis.

Sem falar do poder avassalador da propaganda negativa. A insatisfação e a percepção de ser enganado geram revolta e ira, combustível eficaz para alimentar o empenho em falar repetidamente sobre o ocorrido, não apenas com parentes e amigos, mas também em redes sociais e em sites como o *www.reclameaqui.com.br*.

Por outro lado, os resultados de negócios e relacionamentos corretos facilitam a previsibilidade de receitas, já que a maioria das vendas ou dos serviços realizados é aceita pelos clientes, que, em alguns casos, tornam-se divulgadores da empresa, atestando a boa qualidade dos produtos, serviços e do atendimento.

"É mais fácil vencer um mau hábito hoje do que amanhã."
Confúcio

5
Ética e Espiritualidade

O objetivo, até aqui, foi demonstrar com argumentos práticos quais as vantagens advindas da manutenção da conduta baseada em valores éticos, tanto na empresa como na vida pessoal.

Sob esse aspecto, podemos afirmar que a conquista e manutenção da paz de espírito, da boa reputação e da credibilidade são os benefícios principais.

Entretanto, o cuidado com a ética oferece ainda outros benefícios, conforme afirmam os estudiosos de assuntos ligados à espiritualidade.

No Brasil, a palavra "espiritualidade", muitas vezes confundida com espiritismo, é cercada de preconceitos que dificultam a compreensão do sentido e da riqueza antropológica do que a palavra representa. A espiritualidade é anterior às religiões. Os povos primitivos acreditavam que vários elementos da natureza como sol, lua, rios, chuva ou ventos, teriam o poder de interferir nos acontecimentos humanos.

Espiritualidade envolve valores que têm a ver com a totalidade cósmica, na qual o passado e o futuro se estendem pela eternidade.

Acreditando na existência de uma força ou de uma energia superior para explicar o desconhecido, o que abrange quem acredita que essa energia está somente dentro de cada criatura, a humanidade busca, por meio da espiritualidade, entender o universo, aceitar as adversidades, consolar as dores da vida e o medo da morte.

As religiões traduzem a espiritualidade existente nos seres humanos. A busca de explicações para os mistérios do universo, para os acontecimentos sobrenaturais, para o sentido da própria existência humana e para a incapacidade dos homens de dominar o encadeamento dos fatos, deu origem às diferentes crenças.

Apesar das origens distintas, as doutrinas religiosas e os valores éticos estão absolutamente alinhados, já que praticamente todas as crenças religiosas, místicas e esotéricas (exceto aquelas que reverenciam o mal) pregam a necessidade de fazer o bem.

É esta a característica comum entre a espiritualidade e a ética: a orientação para o bem. A opção pelo comportamento ético é alicerçada pelo senso de justiça, do agir corretamente para manter a própria integridade de caráter.

A ética está afinada com o divino e com o sagrado, uma vez que está voltada para o bem e para a evolução do ser humano, assim como das sociedades em que vivem.

Interessante perceber que, ao compararmos as crenças e verdades de cada uma das muitas religiões, incluindo aquelas seguidas por culturas muito diferentes, que possuem deuses próprios e rituais particulares, verificamos que todas elas pregam que fazer o bem é o caminho para a salvação do homem e/ou de seu espírito.

Extremismos à parte, nas ocasiões em que a fé fundamentalista, muitas vezes manipulada, dá origem a atos violentos que provocam destruição e morte, e excluindo ainda as pseudo igrejas, criadas unicamente com base em interesses financeiros, as maiores demonstrações de fé estão associadas a iniciativas que incentivam a prática do bem.

Ações humanitárias e de caridade como a compaixão, o trabalho voluntário destinado a levar orientação educacional, alimento, ajuda financeira, atendimento médico, alento e doações diversas às camadas mais pobres e carentes da população, são atividades realizadas pela grande maioria das igrejas.

A civilização ocidental foi moldada pela tradição cristã, que tem nos mandamentos divinos a sua base ética. Durante séculos, o temor a Deus e a consciência de dever para com seus mandamentos moldaram o caráter não só dos cristãos, mas de toda a sociedade.

A rejeição moderna a esses mandamentos tem as suas raízes no materialismo e no narcisismo contemporâneos. O individualismo exacerbado e a busca pela autorrealização levam as pessoas a viverem em mundos exclusivos em que o sentir-se bem é o valor supremo.

O respeito às liberdades individuais faz com que as sociedades fiquem cada vez mais tolerantes com a desonestidade e a injustiça, uma vez que os interesses pessoais se sobrepõem aos mandamentos divinos.[1]

Não obstante, com diferentes maneiras de expressão, as diversas religiões defendem que é preciso fazer o bem para receber as bênçãos divinas e alcançar a própria felicidade. Em outras palavras, as principais teorias religiosas oferecem motivos que justificam a adoção da conduta ética.

Para o hinduísmo, as pessoas possuem um espírito (*atman*), que é uma força perene e indestrutível. A trajetória desse espírito depende das ações do indivíduo, pois a toda ação corresponde uma reação — Lei do Carma. Assim, o espírito da pessoa que age mal segue reencarnando para sofrer as consequências dos seus erros até que aprenda a forma correta de se comportar.

Segundo o espiritismo, a evolução do espírito precisa de muitas vidas para alcançar a plenitude. A exemplo dos hinduístas, eles também creem na reencarnação e na Lei do Carma. A vida é uma oportunidade concedida por Deus para a evolução do espírito, e cada um é responsável pelo seu destino, que é definido pela soma das atitudes presentes. Se a pessoa utilizar seu livre arbítrio para a prática do mal ou reagir mal às provações naturais da vida, ela não estará evoluindo e terá de retornar à vida em outro corpo. Cada espírito tem seu próprio ritmo de evolução. Dependendo da qualidade das ações praticadas em cada uma das vidas, a evolução pode ser mais rápida ou mais lenta.

O judaísmo é uma religião que supervaloriza a moralidade. Grande parte de seus preceitos baseia-se na recomendação de costumes e comportamentos "retos".

A prática do budismo consiste no ensinamento de como superar o sofrimento e atingir o nirvana (*estado total de paz e plenitude*) por meio da disciplina mental e de uma forma correta de vida. Também creem na Lei do

---

[1] Mandamentos divinos em um sentido amplo, não apenas os 10 Mandamentos do Velho Testamento bíblico. As diferentes religiões têm seu Deus, ou deuses, que orientam a respeito do que se deve ou não fazer para alcançar o Paraíso.

Carma, segundo a qual as ações de uma pessoa determinam a sua condição na vida futura.

Católicos classificam os erros como pecados, que só serão perdoados se houver o legítimo arrependimento e o constrangimento da confissão, que consiste em assumir os erros diante de um padre, sendo que ele tem o poder de perdoar ou não. O castigo dos pecadores é o inferno, ou o purgatório, onde as almas sofrem para pagar as suas dívidas.

Já os protestantes, cristãos que se subdividem em várias igrejas diferentes, com preceitos e regras que guardam algumas características diferentes entre elas, de uma maneira geral acreditam que o perdão das faltas cometidas é uma questão a ser resolvida diretamente com Deus ou Jesus Cristo, sendo que algumas dessas igrejas aceitam "vender" o perdão mediante o pagamento destinado a obras assistenciais.

No islamismo, os pecados se dividem em menores e maiores. E a punição precisa ter pesos iguais para as faltas cometidas que sejam da mesma natureza. Pecados menores podem ser expiados em um ritual da lavagem de certas partes do corpo antes de orar a Alá. Se não se lavarem antes, Alá não aceitará as orações. O peso dos pecados pode ser diferente para homens e mulheres. Não existe unanimidade quanto às diferentes maneiras pelas quais um muçulmano pode receber o perdão para seus pecados. As mais comuns são baseadas nos versos do Alcorão e do Hadith (ditos e ensinos de Maomé e dos Califas — seguidores de Maomé). Para os muçulmanos, as suas obras serão julgadas por Alá, que usa uma balança para comparar o peso das boas obras com o das más obras. Na tentativa de aumentar o peso das boas obras, os muçulmanos acreditam que existem algumas ações cujo peso Alá multiplica por dez. O jejum é uma dessas boas obras.

Como podemos perceber, todas as principais religiões encaram as más ações como faltas que precisam ser pagas.

Mudando para a área da ciência, a teoria da física quântica estabelece que tudo no universo está interconectado. Um encadeamento grandioso, ainda que envolva um fato simples e sem importância aparente, acaba por provocar mudanças profundas na totalidade. Assim, praticar ações que causam dor, sofrimento, prejuízos ou diferentes perdas a outros, ou seja, fazer o mal, produz energia negativa, que se expande e atrai mais energia negativa para quem agiu incorretamente.

Da mesma forma, o bem realizado não se restringe ao âmbito da pessoa ou do grupo em que está inserido, mas propaga-se pelo universo. Tanto o positivo quanto o negativo se expandem e podem dar origem a outras situações boas ou más.

A Lei da Atração, bastante difundida no livro "O Segredo" de Rhonda Byrne, escritora e produtora australiana, prega que nossas vidas resultam dos pensamentos e ações que praticamos. Bons pensamentos, bons sentimentos e boas ações vibram como energias positivas e atraem bons acontecimentos. Maus pensamentos, sentimentos e ações trarão má sorte, estagnação, frustrações e doenças porque fazem circular as energias negativas.

Como é possível perceber, da mesma forma que grandes estrategistas do mundo dos negócios defendem que as empresas devem agir positivamente, sendo éticas e comprometidas com a sociedade, religiosos, estudiosos místicos e teólogos pregam que a bondade é o caminho para a salvação, e que para atrair bons acontecimentos é preciso pensar e agir positivamente.

Segundo essas teorias, inveja, arrogância, vaidade, ganância, preconceito, irresponsabilidade, egoísmo e descaso com a vida e os problemas dos outros são atitudes que, muitas vezes, ainda que não sejam claramente percebidas, contribuem para construir um futuro desastroso.

Bons desejos, humildade, correção nas atitudes, busca de justiça e igualdade de oportunidades são a chave para atrair felicidade e sucesso.

O futuro pode não acontecer no momento seguinte. Os acontecimentos vão se sucedendo, geralmente de forma incontrolável e, no final da história, pode-se constatar a recompensa ou o castigo.

As forças do universo agem lentamente, mas implacavelmente, em resposta ao tipo de energia à qual corresponde o conjunto de atitudes adotadas ao longo da vida. O futuro pode até demorar muito a chegar (pelo menos no tempo percebido no planeta Terra), mas quem passou dos 40 anos provavelmente já viu acontecer ou já vivenciou histórias que confirmam essas premissas.

Outras vezes não identificamos o castigo de alguém que sabemos ter feito muita coisa errada, mas não temos como saber como aquela pessoa se sente, se ela é feliz e realizada ou se a culpa e o remorso estão presentes em sua consciência e funcionam como castigo. Para um ser humano psicologicamente saudável, a consciência pode ser um fardo pesado que só quem vivencia a perda da paz de espírito pode entender.

Afinal, a sábia cultura popular diz: "Aqui se faz, aqui se paga" ou "Você colhe o que você plantou."

A consciência ética espelhada no cuidado com a conduta e a convivência no dia a dia da empresa, da família e de todos os núcleos sociais aos quais pertencemos tem o poder de construir não apenas a boa reputação, mas também o de atrair boas energias, bons acontecimentos e, por consequência, o sucesso e a prosperidade.

"Creio na verdade fundamental de todas as grandes religiões do mundo. Creio que são todas concebidas por Deus e creio que eram necessárias para os povos aos quais essas religiões foram reveladas. E creio que se pudéssemos todos ler as escrituras das diferentes fés, sob o ponto de vista de seus respectivos seguidores, haveríamos de descobrir que, no fundo, são todas a mesma coisa e sempre úteis umas às outras."

Mahatma Gandhi

Texto recebido por e-mail, sem identificação de autoria:

CÉU E INFERNO ÍNTIMOS

Conta-se que um dia um samurai, grande e forte, conhecido pela sua índole violenta, foi procurar um sábio monge em busca de respostas para as suas dúvidas.

"Monge", disse o samurai com desejo sincero de aprender, "ensina-me sobre o céu e o inferno."

O monge, de pequena estatura e muito franzino, olhou para o bravo guerreiro e, simulando desprezo, lhe disse:

"Eu não poderia ensinar-lhe coisa alguma, você está imundo. Seu mau cheiro é insuportável. Ademais, a lâmina da sua espada está enferrujada. Você é uma vergonha para a sua classe."

O samurai ficou enfurecido. O sangue lhe subiu ao rosto e ele não conseguiu dizer nenhuma palavra, tamanha era a sua raiva. Empunhou a espada, ergueu-a sobre a cabeça e se preparou para decapitar o monge.

"Aí começa o inferno", disse-lhe o sábio mansamente.

O samurai ficou imóvel. A sabedoria daquele pequeno homem o impressionara. Afinal, arriscou a própria vida para lhe ensinar sobre o inferno.

O bravo guerreiro abaixou lentamente a espada e agradeceu ao monge pelo valioso ensinamento.

O velho sábio continuou em silêncio.

Passado algum tempo, o samurai, já intimamente pacificado, pediu humildemente ao monge que lhe perdoasse o gesto infeliz.

Percebendo que seu pedido era sincero, o monge falou:

"Aí começa o céu."

Resta a importante lição sobre o céu e o inferno que podemos construir na própria intimidade. Tanto o céu quanto o inferno são estados de alma que nós próprios elegemos no nosso dia a dia.

A cada instante somos convidados a tomar decisões que definirão o início do céu ou o começo do inferno.

Assim, quando alguém nos ofende, podemos erguer o martelo da ira ou usar o bálsamo da tolerância.

Visitados pela calúnia, podemos usar o machado do revide ou a gaze da autoconfiança.

Quando a injúria bater em nossa porta, podemos usar o aguilhão da vingança ou o óleo do perdão.

Diante da enfermidade inesperada, podemos lançar mão do ácido dissolvente da revolta ou empunhar o escudo da fé.

Ante a partida de um ente caro nos braços da morte inevitável, podemos optar pelo punhal do desespero ou pela chave da aceitação.

Enfim, surpreendidos pelas mais diversas e infelizes situações, poderemos sempre optar por abrir abismos de incompreensão ou estender a ponte do diálogo que nos possibilite uma solução feliz.

A decisão depende sempre de nós. Somente da nossa vontade dependerá o nosso estado íntimo.

Portanto, criar céus ou infernos, portas que estão lá dentro da nossa alma, é algo que ninguém poderá fazer por nós.

Se desejarmos construir um futuro melhor, é preciso começar o quanto antes!

6
O Papel das Empresas

Empresas são apenas entidades jurídicas que só existem no papel, portanto não têm opinião própria e não decidem coisa alguma. Empresas são constituídas por pessoas, e são essas pessoas que decidem, agem, interagem e fazem escolhas a cada momento. São as decisões e atitudes tomadas pelas pessoas que lá trabalham que vão determinar se a empresa pode ou não ser considerada ética. Simplificando, não existem empresas éticas, existem pessoas éticas decidindo em nome das empresas.

O papel de uma empresa é, em síntese, criar riqueza e emprego, fornecer produtos e/ou serviços de qualidade aos consumidores e promover o bem-estar, respeitando o meio ambiente.

Seus interesses de sobrevivência e expansão não podem ser um fim a qualquer custo, pois o preço a ser pago por melhores resultados lastreados em decisões equivocadas e em negócios questionáveis pode ser muito alto.

Escândalos empresariais muitas vezes acontecem devido a decisões pessoais de executivos poderosos que desrespeitam a ética, ainda que de forma inconsciente, pois são decisões inspiradas em interesses pessoais, o que inclui alimentar a própria vaidade, arrogância, demonstrações de poder ou ganância. Estas percepções embaçam a visão de seus agentes que desrespeitam até mesmo eventuais alertas das áreas de avaliação de risco e desconsideram danos e prejuízos que podem levar grandes empresas à falência. A consequência é a eliminação de empregos e a geração de impactos negativos de grandes proporções para a sociedade. Casos assim podem abalar até mesmo a confiança de investidores e todos os demais *stakeholders* vinculados àquele setor da economia, como aconteceu com a indústria da construção civil no Brasil.

Empresas, tais e quais os seres humanos, precisam de valores e princípios para nortear sua atuação.

A obtenção de lucro permanece como objetivo essencial para empresas capitalistas. Entretanto, a sustentação dos negócios lucrativos precisa estar inserida em um círculo virtuoso que inclui a ética e a responsabilidade social. As boas empresas buscam aumentar suas margens de lucro por meio de gestão responsável, governança corporativa e processos avançados de controle que assegurem o retorno aos acionistas.

Importante esclarecer a confusão, ainda presente no campo empresarial, entre ética e responsabilidade social.

Embora sejam conceitos que se complementam, cabe aos empresários determinar a forma de atuar para que suas empresas, independente do tamanho, sejam permanentemente sustentáveis. A estratégia de gestão ética reverte no reconhecimento de uma empresa ética, social e ambientalmente responsável. O conceito de Governança Corporativa inclui a questão da sustentabilidade e implica na relação com todos os públicos: internos e externos.

Responsabilidade social empresarial é o respeito ético diante do mundo com o qual a empresa se relaciona.

Não podemos esquecer que o ser humano é o principal agente das empresas, e que os princípios e valores de seus agentes criam a cultura da empresa. Empresas que desejam atuar de forma ética terão de projetar essa atitude com seus *stakeholders*.

Considerando que as empresas, enquanto pessoa jurídica, são apenas figuras do direito, reafirmamos que a ética está nas pessoas que compõem a empresa. São elas que efetivamente decidem e interagem, que inferem e diferenciam o que é certo do que é errado, sob influência de suas reais intenções ou escolhas. O discernimento do que é ético para com a própria empresa é que determina se uma decisão está alinhada com o que é melhor para a empresa e não para quem está decidindo.

Condutas inadequadas podem comprometer a própria empresa, gerando prejuízos irrecuperáveis e desgastes de imagem. Muitos gestores ainda não perceberam que a ética dos representantes da empresa é o caminho para se buscar a correção nas decisões.

A Construtora Odebrecht foi criada em 1944 por Norberto Odebrecht, descendente de imigrantes alemães, na cidade de Salvador, na Bahia. Já em 1952 construiu a primeira hidroelétrica na cidade de Correntina. Reconhecida por sua qualidade técnica, em 1979 começou a atuar na área de perfuração de petróleo e, em 1984, passou a operar internacionalmente com obras em diversos países, como Argentina, Equador, Portugal, México, Colômbia, Venezuela e Estados Unidos, onde foi responsável por grandes obras, como a construção do *Metromover* de Miami. O crescimento foi acelerado, e a empresa diversificou o ramo de atuação, passando também à petroquímica, saneamento, energia e agronegócio, entre outros. O Grupo Odebrecht investiu em cultura, pesquisa e projetos de preservação do meio ambiente. Além disso, a empresa desenvolveu toda a estrutura para assegurar a condição de empresa comprometida com valores éticos, como o código de conduta de funcionários e fornecedores, controle de conformidade dos processos e um canal de denúncias anônimas para ocorrências antiéticas.

Todo esse sucesso técnico empresarial seria o suficiente para assegurar a permanência da Odebrecht no mercado mundial por muitas décadas. E, apesar disso, seus representantes, incluindo seus presidentes, Emílio e Marcelo Odebrecht, filho e neto do fundador, envolveram-se no maior escândalo de corrupção da história do Brasil.

Há muitos anos boa parte dos brasileiros com maior acesso à informação desconfiavam que as concorrências públicas passavam por processos de pactos empresariais que envolviam políticos e agentes públicos, nos quais grandes empreiteiras, como Odebrecht, Camargo Corrêa, OAS e Andrade Gutierrez, dividiam as obras de acordo com seus interesses. Obras sempre superfaturadas, com largas margens para lucros robustos que alimentavam a corrupção. Muita gente percebia, mas não tinha como provar.

Em 2014, quase por uma casualidade, um grupo de policiais federais da cidade de Curitiba, no estado do Paraná, comandados pelo juiz federal Sérgio Moro, deu início a uma investigação, batizada de Operação Lava Jato. Começaram então a desvendar o esquema de corrupção que, havia décadas, contaminava os investimentos públicos. As investigações demonstraram que a corrupção no Brasil tornou-se sistemática e endêmica, envolvendo diversos setores da indústria, incluindo conglomerados com forte atuação internacional. Grandes empresas, políticos com relevância em âmbito nacional, estadual e municipal, além de funcionários públicos de diversos níveis hierárquicos dividiam os valores desviados de verbas que deveriam atender aos interesses do cidadão. Provas documentais e circunstanciais, além de gravações de áudio e vídeo, revelaram o esquema criminoso que atuava em governos e empresas estatais.

Em junho de 2015, Marcelo Odebrecht foi preso, e, em março de 2016, foi condenado a 19 anos e quatro meses de prisão por corrupção, lavagem de dinheiro e associação criminosa. Foi considerado o mandante de pagamentos de USD 35 milhões em propina a políticos e a funcionários da Petrobras, a empresa estatal de petróleo do Brasil. Além disso, 78 executivos e ex-executivos da empresa Odebrecht assinaram os acordos de delação premiada, confessando os atos de corrupção. Foi a maior colaboração premiada do mundo. 116 procuradores ouviram 950 depoimentos, em uma espécie de força tarefa que durou uma semana e percorreu as cinco regiões do país.

O que se verificou no Grupo Odebrecht foi uma absoluta dissonância entre o que a empresa pregava em relação à conduta ética esperada dos colaboradores e a forma como seus gestores conduziam os negócios. O faturamento da empresa estava alicerçado no superfaturamento de obras públicas realizadas após vitória em licitações manipuladas com a colaboração de agentes públicos sob comando de políticos, todos beneficiários do gigantesco esquema de corrupção.

Conforme matéria publicada no site G1 em 12 de abril de 2017, o pagamento de propina acontecia na empresa desde os anos 1980, segundo informação de Emílio Odebrecht, e a prática chegou a ser institucionalizada com a criação, em 2007, do "Setor de Operações Estruturadas", que movimentou aproximadamente R$ 10,6 bilhões, cerca de USD 3,5 bilhões, com o objetivo de gerir o destino e a finalidade do dinheiro.

Em 2016, após o escândalo ganhar as páginas de notícias, a empresa implantou nova política de ética e conformidade e trabalha na divulgação de uma imagem diferente da que seus principais gestores produziram.

Na Odebrecht, o exemplo que deveria ter vindo de seus principais executivos foi o mais lamentável possível.

A cegueira da ambição exagerada transformou profissionais preparados e competentes em criminosos impiedosos que não se questionavam sobre a origem de seus ganhos e, ainda pior, testemunhavam as graves consequências da falta de investimentos públicos nas áreas de saúde, educação e infraestrutura. Foram responsáveis solidários pela morte e sofrimento de milhões de pessoas.

Essa realidade não se restringe às grandes empresas. Qualquer pequeno estabelecimento comercial que contrata o serviço de outras pessoas pode ser beneficiado ou prejudicado pelo comportamento de seus representantes, independente do número de empregados.

Acreditando que os grandes empresários são, em sua ampla maioria, profissionais honestos que investem para que as suas empresas cresçam saudáveis e produtivas, é coerente chegar à conclusão que deu causa à publicação deste livro: **cabe às empresas investir no desenvolvimento da consciência ética de seus colaboradores**.

CENÁRIO ATUAL

A evolução da civilização mundial, o crescimento acelerado das cidades, o despertar do consumismo e a velocidade da comunicação propiciada pelas novas tecnologias modificaram o conceito de felicidade e de realização pessoal. Até sociedades de cultura oriental, com destaque para os chineses, estão sendo contagiadas pela síndrome consumista.

Os relacionamentos se multiplicaram, e as variáveis que passaram a compor a imagem de pessoa bem-sucedida alcançaram não apenas o fator socioeconômico e a saúde, mas também a projeção alcançada: fama e sucesso, além da condição estética, são hoje prioridades na vida de muita gente. Ser feliz ficou bem mais complicado.

Considerando que alcançar o sucesso consistente não é assim tão simples, doenças como depressão, síndrome do pânico e transtornos de ansiedade estão presentes na maioria das famílias. A dependência de drogas e o aumento expressivo do número de suicídios, principalmente entre jovens, também fazem parte do quadro atual.

Na ânsia de satisfazer o ego, o objetivo de vida está banalizado. Tornar-se uma celebridade, ainda que momentânea, tem agora importância fundamental na realização pessoal de muita gente, e o meio para se chegar à fama não precisa ser dos mais nobres: mero culto à beleza física, ostentação de luxo e riqueza ou a auto-exposição em lucrativos programas de TV.

O sucesso trazido pelo reconhecimento de méritos intelectuais e/ou profissionais é admirável, mas costuma ser a consequência do estudo e do desenvolvimento de talentos, o que exige muita dedicação e certa dose de sorte.

Em igual ritmo, a falta de ética de muitas empresas faz com que o foco do trabalho esteja concentrado unicamente no sucesso de seus resultados e nos números alcançados, sem qualquer preocupação na forma como os negócios foram conduzidos. As consequências sobre "como" esses objetivos são realizados não são controladas, questionadas nem investigadas quando os problemas aparecem.

Essa situação não parece estar passando. Desde quando a onda da ética empresarial começou a se formar, no final dos anos 1990, muitos escândalos empresariais aconteceram envolvendo grandes corporações em vários países, incluindo algumas empresas nas quais se acreditava estarem resguardadas de riscos relacionados à ética, a exemplo da BP — British Petroleum. Muitas faliram pelos prejuízos sofridos ou pela perda de credibilidade, arrastando com elas carreiras de sucesso de profissionais que sequer estavam envolvidos nas atitudes que deram causa aos problemas.

Entendo que esses tantos casos demonstram que o caminho para a ética empresarial é mais longo, árduo e perene do que os indispensáveis processos relativos à conformidade e à correção dos negócios.

Verdade que famílias, igrejas e alguns educadores ainda ensinam aos seus jovens sobre honestidade e respeito ao próximo. Apesar disso, jovens que receberam educação adequada se perdem na busca do sucesso e da riqueza, o que cria brechas para a prática de comportamentos antiéticos.

As escolas não estão preparadas para contribuir com a construção da cultura ética nas sociedades urbanas. De uma maneira geral, continuam ensinando apenas as matérias de ordem prática para desenvolver o raciocínio lógico, o conhecimento teórico e histórico considerados importantes para o desenvolvimento cultural e intelectual. O método de ensino é praticamente idêntico há séculos, apesar de toda a evolução tecnológica e de costumes que as novas gerações vivenciam.

A filosofia e as questões éticas perderam espaço nas escolas e não estão sendo vistas com utilidade prática. Por isso ainda são adiadas para as cadeiras universitárias, e, ainda assim, apenas em algumas instituições.

A falta de experiência das gerações passadas com os desdobramentos dessa explosão egocêntrica, consumista e ambiciosa de sucesso, assim como a intensificação da necessidade de aprovação, provocaram esse *gap* entre o tipo de educação atualmente ensinada nas escolas e a que agora se apresenta essencial ao comportamento ético na sociedade, em especial no trabalho.

As empresas deveriam ser as mais interessadas na conduta ética de seus colaboradores, já que se trata de rumo seguro na redução permanente de riscos de fraude, espionagem, boicote, desvios, prejuízos e falências.

Existe urgência no surgimento e empoderamento de pessoas eticamente comprometidas. Não dá para esperar que a teoria filosófica da ética seja adotada pelas escolas e assimilada espontaneamente por todos.

Por outro lado, apenas a teoria filosófica não é suficiente para educar aqueles que não apresentam a conduta ética como característica de sua personalidade ou para convencer pessoas para quem a voz da consciência não fala alto o suficiente para frear instintos menos elevados.

Para essas pessoas, e não para todas elas, a única condição capaz de inibir a conduta antiética é o medo da punição, da vergonha e do prejuízo causado ao seu próprio futuro.

Somente as empresas têm o poder de proporcionar a formação ética de seus colaboradores, pois podem impor a participação em cursos de conduta ética e, simultaneamente, aplicar instrumentos de controle e política de consequências sobre as atividades e atitudes adotadas por eles.

Ainda que escolas e universidades já estivessem preparadas para o ensino dos valores éticos, a efetividade na aplicação desse conhecimento pelos alunos em sua vida profissional não seria facilmente evidenciada. Faltaria a eles o temor quanto às possíveis perdas. Vale lembrar que as ações antiéticas costumam ser mais atraentes, mais vantajosas e de rápida percepção de resultados.

O caminho que empresas devem seguir para desenvolver essas habilidades entre seus colaboradores será abordado nos próximos capítulos.

Não importa o tamanho da empresa. Micro e pequenas empresas podem exercer o papel de educadoras de seus empregados, já que todas estão ameaçadas de sofrer prejuízos provocados por suas decisões equivocadas.

Nas micro e pequenas empresas, o papel de educador cabe ao próprio empresário. Quem ensina e orienta sobre a maneira correta para executar uma rotina também precisa saber orientar quanto ao comportamento correto. O feedback informal e com foco em situações pontuais, quando feito adequada e educadamente, pode ter alto valor instrutivo e pode ser mais eficaz do que quando acontece na forma de um programa formal com datas predeterminadas.

Nas grandes empresas acontecem as ações de feedback, que costumam ser coordenadas pela área de desenvolvimento de recursos humanos, mas desconheço a eficácia desse tipo de ação. Forçar um gestor a dar feedback com data marcada e na mesma época da avaliação cruzada demonstrou não ser eficaz. A educação para a ética é compatível com o método de *coaching* quando as ações são permanentemente acompanhadas e avaliadas em conjunto.

Dar feedback quantitativo é fácil, os números falam por si. Já o feedback qualitativo incomoda os dois envolvidos. Criticar olho no olho o comportamento de um subordinado — o tratamento que ele dispensa às pessoas de todos os níveis hierárquicos e até sua linguagem corporal e o tom de sua fala — é bem mais delicado, e nem todos estão preparados para esse trabalho.

A situação fica muito mais difícil quando o avaliado é alguém com poder de comando. Chefes em geral são empregados que apresentaram um bom desempenho em seus resultados e tarefas, o que demonstra que são bons trabalhadores, mas não necessariamente bons líderes. No entanto, para exercer o comando competente é preciso ter o perfil de liderança. Lógico que esse perfil pode ser desenvolvido, mas poucas empresas investem na formação de líderes antes de promover os melhores trabalhadores.

A formação de líderes exige avaliações isentas e para essas pessoas é sempre muito difícil ouvir críticas. Críticas envolvem sentimentos que nem sempre podem ser controlados. Criticar pode parecer fácil quando acontece sem considerar as consequências possíveis, que são facilmente reveladas no calor de uma discussão, e podem acontecer até na frente da equipe desse gestor. Obviamente o resultado disso tem tudo para ser desastroso e não pode ser considerado um feedback. Vamos lembrar que o feedback precisa necessariamente ser individual e personalizado.

Por outro lado, de nada vai adiantar uma empresa investir em ética se o relacionamento institucional com seus agentes internos e externos não respeitar os padrões éticos.

Infelizmente, mesmo depois de vários exemplos de desastres causados pela falta de ética tanto de patrões como de empregados, ainda vemos empresas que exploram o trabalho de seus colaboradores e vemos também trabalhadores que agem contra empresas que oferecem os melhores benefícios.

Uma grande rede de academias de *fitness* utiliza a força de sua marca para desvalorizar o trabalho dos profissionais de educação física.

Aproveitando-se do seu grande porte e do status que representa para os profissionais em início de carreira pertencerem aos seus quadros, os dirigentes resolveram desrespeitar a média de salário dos professores adotada pelo mercado e reduziram a hora/aula em cerca de 40%.

O resultado foi que as demais academias, incentivadas pela possibilidade de melhoria de suas margens de lucro, decidiram aproveitar a onda de redução de salários. Assim passaram a pagar menos e a demitir professores antigos para contratar novos.

Para compensar a redução da renda mensal, muitos profissionais de educação física aumentaram a carga de trabalho como *personal trainer*. Para isso, é preciso que os alunos façam matrícula numa academia. Como a empresa que deu início ao movimento de redução de salários é uma das maiores redes, a maioria desses alunos acaba procurando uma dessas unidades. Até aí, nada de grave. O inusitado da situação é que as academias cobram dos professores um percentual sobre o valor pago pelo aluno ao professor. Ou seja, mesmo sendo beneficiadas pela conquista de um novo aluno que foi motivado pelo professor a buscar uma academia para se exercitar, essas empresas ganham novamente em cima do profissional de educação física. Claro que quem acaba pagando é o aluno, pois o *personal trainer* repassa a despesa.

Na busca de aumentar o lucro, esses empresários não pensaram duas vezes antes de aumentar seus ganhos em prejuízo do rendimento de toda uma categoria profissional.

Qual será o sentimento desses profissionais em relação a essa empresa? Será que dá para esperar comprometimento, dedicação, fidelidade e transparência? Será que um programa de desenvolvimento da consciência ética poderia alterar esse quadro?

Outra experiência de relacionamento com essa mesma rede de academias demonstrou que a falta de ética atinge também os empregados de áreas administrativas. A começar pela diretoria, que não se entendeu na hora de assumir a quem caberia autorizar o patrocínio de um evento com fins de preservação do meio ambiente.

Por conta dessa discussão, essa empresa não pagou pelo espaço utilizado para a divulgação de sua marca, apesar de haver um documento emitido por um representante que autorizava o patrocínio e no qual estava anexado o logotipo com a resolução necessária para ser utilizado nos materiais de divulgação do evento. Os dirigentes disseram que o documento não era válido porque estava assinado por um empregado não autorizado. Assim, a empresa usou o espaço para a exposição de sua marca e nada pagou. Tratava-se de um evento para a limpeza de um canal que contou com a participação da comunidade e do jornal de bairro local. Infelizmente, poucas pessoas souberam do golpe aplicado na associação de moradores.

Essa forma de condução dos negócios e de relacionamento com a comunidade a qual pertencem seus clientes demonstra bem o perfil ético da empresa e, provavelmente, das pessoas que a conduzem.

Empresas devem servir à sociedade, a começar pelas pessoas que compõem sua equipe e seus clientes.

Assim, o ônus do investimento na consciência ética de seus colaboradores será primeiramente revertido em favor da própria empresa, que, certamente, será beneficiada com a redução do custo invisível produzido pela conduta equivocada de seus empregados.

O investimento empresarial no desenvolvimento da consciência ética dos trabalhadores deverá semear em um segundo momento, embora com dificuldade de mensuração e comprovação, a gradual melhora da consciência e da conduta de toda a sociedade.

Considerando que todos os trabalhadores convivem em família, em condomínios, igrejas e demais instituições, a criação da consciência ética vai refletir na conduta dessas pessoas em todas as suas redes de relacionamentos. À medida que as pessoas forem identificando as vantagens da conduta ética, elas deverão, ainda que instintivamente, passar a aplicar os mesmos princípios em todas as suas áreas de atuação e convivência.

Não se trata de sonho inocente, e sim de tendência, e da crença de que o processo evolutivo das sociedades é lento, mas gradual e constante. Pessoas com índole criminosa continuarão a existir e a agir sempre, mas para dar início a um processo de mudança cultural é fundamental que os primeiros visionários acreditem e comecem a investir nessa mudança.

Aumentando o número de pessoas atentas à conduta ética e capazes de melhor discernir o certo do errado, maior será o reflexo no aumento da exigência de ética e mais e mais pessoas estarão dispostas a cobrar, vigiar e denunciar os abusos.

Esse movimento é bastante perceptível até no corrompido meio político. A aprovação da Lei da Ficha Limpa surgiu de um movimento popular, e, pela primeira vez na história, políticos com passado marcado por crimes estão sendo impedidos de assumir cargos, mesmo que tenham conseguido votos suficientes para se eleger.

Atitudes que antes eram aceitas passaram a ser denunciadas. Ainda estamos diante de uma tendência de mudança, mas que deverá ficar mais e mais fortalecida ao longo do século XXI.

As grandes companhias são importantes agentes de mudança e exercem um forte papel educador. São essas empresas que devem alavancar esse processo, atuando de forma contundente na construção de uma sociedade honesta, respeitável e consciente não apenas de seus direitos, mas também de seus deveres.

> *"Toda reforma interior e toda mudança para melhor dependem exclusivamente da aplicação do nosso próprio esforço."*
> **Immanuel Kant**

7
O que É Ser uma Empresa Ética?

Ser uma empresa ética começa a tornar-se necessidade básica para todas as que pretendem permanecer atuantes no mercado ao longo do tempo.

A lucratividade sustentável exige a observância de inúmeras variáveis que abrangem não apenas a ética nos negócios — clientes e fornecedores —, mas também nos relacionamentos institucionais com todos os *stakeholders*. É preciso correção com o meio ambiente e a comunidade na qual a empresa atua e é parte integrante, além dos órgãos governamentais e de todos os seus sócios, independentemente da quantidade de ações de cada um. Uma empresa ética é aquela que dispensa especial atenção a seus colaboradores, porque são eles que a fazem existir.

Valores éticos internalizados formam a cultura corporativa que dá origem à competência transformadora, à integração e à conduta produtiva.

A valorização da ética nos negócios e nos relacionamentos empresariais surgiu como consequência das conclusões de estudos realizados por profissionais de marketing que alertaram ser melhor perder um negócio e manter o cliente em vez de ganhar mais no curto prazo e comprometer os relacionamentos no longo prazo.

Philip Kotler, célebre professor norte-americano, autor de dezenas de livros de marketing, que já em 1967 publicou "Administração de Marketing", principal fonte de estudos da área, e que foi considerado pelo Management Centre Europe "o maior dos especialistas na prática do marketing", chamou a atenção do mundo empresarial ao afirmar que "conquistar um novo cliente custa de 5 a 7 vezes mais do que manter um atual".

O custo para a conquista de um novo cliente é alto e existe uma métrica para calcular esse valor: o Custo de Aquisição de Cliente — CAC (em inglês significa *Customer Aquisition Cost*), uma conta que considera todos os gastos em marketing e vendas em um determinado período de tempo dividido pelo número de clientes obtidos naquele período.

A cartilha das providências básicas necessárias para que uma empresa evite perder clientes e economize nas despesas inclui o comprometimento com os valores éticos. Por isso tantas grandes empresas investem na criação de uma comissão ou de um conselho de ética e na elaboração de um código de conduta. No entanto a cartilha com as ações necessárias para a obtenção do selo de "Empresa Ética" não deu o valor necessário ao desenvolvimento da consciência ética, ou seja, faltaram investimentos na mobilização, educação para a ética, esclarecimentos e debates, motivação e alerta permanentes quanto à postura necessária para a adoção, na prática, de uma nova cultura referente à conduta ética de cada pessoa.

Uma empresa de tecnologia especializada no fornecimento de serviço de wi-fi precisa manter documentação própria de seus sistemas, a fim de orientar clientes quanto às características e forma de utilização de seus produtos. Para isso, deve manter em seus quadros um profissional especializado na criação dessa documentação. Em uma dessas empresas que atendia a todas as exigências para ser considerada ética, por razões pessoais, um dos técnicos de informática passou a preparar documentação sem o conhecimento do empregado responsável pela redação dos respectivos documentos. Apesar de não ser especialista na produção daquele tipo de material, ele afirmava ser o autor dos bons trabalhos apresentados. Curioso com a nova habilidade repentinamente desenvolvida pelo técnico de informática, o redator oficial realizou uma pesquisa em empresas concorrentes e identificou que os documentos que estavam sendo apresentados pelo colega eram, na verdade, cópias quase inalteradas de documentos dessas empresas. Tão logo o redator identificou a prática de plágio, considerada criminosa pelas leis que protegem os direitos autorais, informou o problema ao gerente, alertando também sobre as penalidades previstas, e sobre o alto valor das multas a que a empresa estava sujeita, multas essas que poderiam determinar a inviabilidade operacional da empresa.

Só então o colega entendeu que é crime copiar documentos sem citar a fonte original para dar o crédito a quem produziu o material.

Fica claro que a produção e divulgação ineficiente de um código de conduta ética não são suficientes para nortear as decisões de empregados que valorizam seus interesses pessoais, mesmo quando informados dos riscos a que estão submetendo a empresa.

No caso citado anteriormente, ao participar de uma concorrência, as empresas precisam apresentar documentação, e é muito provável que a concorrente que teve seus documentos copiados viesse a identificar o plágio e denunciasse a fraude, recorrendo à Justiça para defender seus direitos.

O CAMINHO PARA A EMPRESA ÉTICA

A principal exigência para a implantação da cultura ética é o sólido e autêntico comprometimento do corpo diretivo e de seus mais influentes executivos.

O que se percebe é que a maioria das boas e grandes empresas está focada em demonstrar ao público externo que respeita os valores éticos e os interesses de seus clientes e fornecedores. Essas empresas seguem o passo a passo para a implantação da ética empresarial como uma mera estratégia de marketing. O objetivo maior é, na verdade, obter certificados que atestem o cumprimento das exigências para receber o selo de empresa com padrões e rotinas comprometidas com a ética, atraindo investidores, conquistando a confiança de seus *stakeholders*.

Uma das maneiras adotadas para demonstrar e divulgar ações éticas empresariais são os investimentos em programas sociais e patrocínios de eventos politicamente corretos. Normas internas são criadas para padronizar os negócios e novas diretrizes de governança corporativa são aplicadas. O caminho segue com as exigências quanto ao comprometimento ético de parceiros e fornecedores.

Todas essas ações são importantes e necessárias, mas ainda falta trabalhar na origem dos riscos criados pelas pessoas que resolvem de forma equivocada cada dilema ético — todas as pessoas que trabalham na empresa. Falta o esforço destinado a cuidar do exercício da ética nos relacionamentos pessoais dentro da própria empresa, com rotinas para estimular/acompanhar/conduzir a conduta de seus líderes, independente do nível hierárquico.

É fundamental investir na formação da consciência ética dos empregados de todos os níveis, mas principalmente daqueles com maior poder de decisão, que são os formadores de opinião e que servem de exemplo e inspiração para suas equipes.

A falta de atenção à formação da consciência ética propicia a prática de incontáveis casos de assédio moral e/ou sexual que continuam presentes no dia a dia de milhares de trabalhadores. Pessoas dedicadas e comprometidas com a empresa estão sofrendo e adoecendo sem conseguir encontrar meios para interromper a ação de chefes despreparados.

As recomendações técnicas da implantação da ética empresarial alertam para a necessidade de divulgar o código de ética entre todos os colaboradores, sendo necessária, inclusive, a assinatura de todos os empregados em documento que ateste seu conhecimento sobre o conteúdo do código.

Entretanto a maioria dos códigos de ética é generalista e registra o que a empresa considera certo, mas não detalha quais são as condutas que não serão aceitas e como o empregado deverá agir diante de situações específicas.

Se apresentados isoladamente, os códigos de conduta, sem nenhum trabalho de esclarecimento e mobilização, são incapazes de criar uma nova cultura ética.

De uma maneira geral, os códigos são elaborados com base nos de outras empresas, facilmente acessados nos sites corporativos. Considerando o aspecto da flexibilidade da ética, não existe um manual sobre "como fazer um código de ética". Por isso o caminho costuma ser o da análise e adaptação do conteúdo de outros códigos de conduta de empresas afins.

As propostas são avaliadas e debatidas entre os integrantes da comissão de ética, em busca do consenso a respeito de quais aspectos deverão constar do documento, adequando-os à realidade de cada empresa, aos seus valores, às características do seu negócio e do mercado em que atua. Posteriormente, o documento é submetido à direção da empresa.

Existem muitas consultorias aptas a orientar os integrantes da comissão sobre a melhor maneira de elaborar o código de ética.

Não obstante, uma consultoria externa não deveria ficar responsável pela elaboração desse código. Cada empresa tem sua própria cultura, suas próprias noções de limite entre o ético e o não ético. Nenhuma consultoria externa terá a capacidade de assimilar rapidamente a cultura corporativa e as suas características negociais. Igualmente, é muito difícil discernir sobre quais condutas serão ou não aceitas no exercício de diferentes profissões, diferentes ramos de atuação e diferentes mercados.

O peso de condutas antiéticas semelhantes pode variar muito conforme o caso. Há que se considerar as especificidades não apenas da cultura interna como também da cultura do país (ou países) onde a empresa atua. Pode ainda variar conforme as práticas de mercado e as propriedades de diferentes produtos.

Algumas multinacionais tratam de maneira diferente questões polêmicas, como pagamentos destinados a "facilitar" procedimentos com órgãos governamentais. Essa liberalidade acontece porque em alguns países a falta de pagamento desses valores simplesmente inviabiliza a atuação da empresa naquele mercado. Também a prática de dar e receber presentes deve ter parâmetros distintos para se adequar à cultura local. A regra ética e moral é jamais incluir em um código de conduta uma "permissão" para corromper. Entretanto, é antiético e injusto manter operações em países que adotam essa prática e deixar toda a responsabilidade sobre a forma de lidar com essa questão nas mãos do executivo local e, para piorar, cobrar resultados sem considerar as características locais. Algumas empresas autorizam esses procedimentos, desde que devidamente aprovados por instâncias responsáveis, registrados e contabilizados na forma prevista, já que a opção ao não pagamento seria abandonar o país.

Este é o tipo de assunto que só a direção da empresa vai ser capaz de decidir se deve ou não constar do seu código de ética. Afinal, assumir a disposição de pagar propina para manter-se atuante em um mercado corrupto é algo bastante delicado. Por outro lado, exigir resultados de unidades localizadas em países corruptos, sem se dispor a agir conforme as regras locais, é uma atitude injusta com a equipe.

Fica a pergunta: se o esquema for descoberto, como aconteceu com várias empresas no Brasil, quem vai ser responsabilizado? Quem vai para a cadeia?

Qual será o tamanho do prejuízo causado à imagem da empresa quando a notícia for divulgada?

Só existem corruptos porque existem corruptores, logo, corromper é um crime tão grave quanto aceitar propina. A empresa que aceitar operar nesse cenário precisa decidir até onde vai o seu compromisso com a ética.

Existe empresa meio ética? Ou seja, ética em um mercado e não ética em outro? Essa questão lembra a história da impossibilidade de uma mulher estar meio grávida...

A elaboração de um código de conduta exige a abordagem de vários aspectos polêmicos que precisam ser exaustivamente discutidos e acordados. Ainda assim, o resultado do trabalho apresentado certamente não vai conquistar a unanimidade de opiniões; pelo contrário, haverá críticas e reações, por vezes extremadas — teorias da conspiração ganham diferentes versões, tornando ainda mais difícil a aceitação das novas regras.

Após a aprovação do código de ética ou conduta, é chegado o momento de divulgar o documento para os *stakeholders*. É um passo fundamental, pois é importante que o maior número possível de pessoas compreenda e aceite as diretrizes ali expostas.

Em muitas empresas, as áreas responsáveis pela implantação da ética empresarial se veem pressionadas a apresentar a documentação comprobatória de que todos os passos exigidos para o recebimento do selo de empresa comprometida com a ética foram dados, inclusive a divulgação interna do código.

A pressa na divulgação/implantação de um programa de ética empresarial pode provocar alguns *gaps* importantes. A simples assinatura que atesta a suposta leitura do código não garante que o empregado realmente tenha compreendido e internalizado seu conteúdo. Também nem sempre esclarece quanto às implicações e penalidades às quais estarão expostos no caso de descumprimento do padrão de comportamento desejado.

Normalmente as empresas pecam pela falta de uma ação efetiva de disseminação e orientação a respeito do novo código. A queima dessa etapa prejudica o entendimento quanto aos objetivos do que não está explícito no código. Os colaboradores sentem-se coagidos a aceitar, sem que possam sequer tirar dúvidas ou conhecer os motivos daquelas medidas.

Uma empresa que não fomenta a discussão do conteúdo de seu código de ética, que não apresenta a teoria filosófica dos dilemas éticos e que não abre espaço para ouvir as argumentações da base de empregados dificilmente vai conseguir tornar seus colaboradores verdadeiramente comprometidos com os valores éticos. Podem até obter atestados de conceituados órgãos credenciados a auditar o cumprimento das exigências burocráticas que reconhecem uma empresa ética, mas, provavelmente, vão continuar sofrendo prejuízos causados pelas condutas antiéticas de seus empregados.

Uma boa fonte de verificação quanto à efetividade de um programa de ética empresarial é a mensuração da variação do volume de ações judiciais impetradas por clientes insatisfeitos e por reclamações trabalhistas ocorridas antes e depois da empresa ter sido certificada como ética.

GESTÃO DA REPUTAÇÃO

A boa reputação é valor determinante para o reconhecimento de uma empresa ética e de um profissional de sucesso.

Voltando ao caso Arthur Andersen, que, depois da falência da Enron, interrompeu as suas atividades apesar de estar posicionada entre as cinco maiores empresas de auditoria do mundo, com um faturamento de mais de US$ 9 bilhões e onde trabalhavam mais de 8 mil pessoas: Por que isso aconteceu? Porque todos os seus clientes a abandonaram?

Como auditora da Enron por mais de 10 anos, a Arthur Andersen atuou decisivamente para mascarar os balanços e inflar os lucros. Agindo assim, destruiu a sua reputação no mercado, já que a credibilidade de uma empresa de auditoria independente é fundamental para assegurar a confiabilidade no seu serviço, transcendendo, inclusive, sua competência técnica.

Todas as empresas que operam em mercados competitivos precisam estar atentas a sua reputação, mas, para algumas, a questão da confiabilidade assume importância fundamental, como: institutos de pesquisa, bancos de investimento, previdência privada, clínicas médicas e companhias aéreas. Bancos, ainda que estejam com as contas em ordem, podem sucumbir na ocorrência de boatos que venham a provocar uma corrida de clientes para sacar seus investimentos e depósitos.

A boa reputação perpassa inexoravelmente pela confiança que a empresa conquistou com seus *stakeholders*.

A gestão da reputação exige acompanhamento constante, e a empresa que não tiver esse cuidado poderá ver todo o esforço de construção de imagem ao longo de décadas tornar-se inútil de um momento para o outro, o que pode ser provocado pela atitude de um único empregado.

Robert Henry Srour, no livro *Ética Empresarial — A Gestão da Reputação* fala que a "reputação é um ativo intangível, cuja fragilidade é proverbial, porque, de forma singela, diz respeito à percepção que outros têm quanto ao valor de uma organização ou de um profissional".

Srour apresenta a seguinte lista para descrever a reputação:

1. Equivale à consideração que cada coletividade confere.
2. Corresponde a gozar de prestígio ou a construir um nome ao longo dos anos.
3. Vincula-se à identidade corporativa ou pessoal, constituída pelos traços mais expressivos que observadores atribuem.
4. É conceito composto por variadas imagens que o imaginário social elabora ao longo do tempo.
5. Deriva de uma percepção cristalizada e que vai sendo forjada dia após dia, à medida que a organização ou o profissional satisfaz as expectativas de seus *stakeholders*.
6. Assemelha-se ao conhecimento científico — um processo aberto, provisório, penosamente construído, condicionado e atormentado por incessantes verificações e confirmações.

Ainda segundo Srour, resguardar a imagem, preservar a marca e construir a boa reputação são ações que propiciam:

1. Operar como barreira contra os concorrentes, constituindo uma vantagem competitiva;
2. Criar um escudo contra as crises, graças ao apoio que muitos *stakeholders* se dispõem a oferecer à empresa em dificuldade;
3. Reduzir as resistências por parte de quem diverge da empresa;

4. Aumentar o valor de mercado da empresa e facilitar o acesso ao mercado de capitais;
5. Contribuir para obter créditos em órgãos de financiamento;
6. Captar e conservar talentos — muitos profissionais preferem ganhar menos em empresas de que possam se orgulhar do que trabalhar em empresas cuja reputação é comprometedora;
7. Facilitar os relacionamentos com fornecedores, investidores, concorrentes, prestadores de serviços, comunidades locais e autoridades.

Srour afirma também que "a reputação está intimamente associada à confiança coletiva, ou melhor, à legitimidade que se conquista pelas políticas praticadas ou pelas ações cometidas".

GESTÃO DA REPUTAÇÃO PESSOAL

Cuidar da gestão da própria reputação faz parte da rotina de trabalho de profissionais de todas as áreas que estejam empenhados em ser reconhecidos como detentores de uma carreira de sucesso. Um currículo primoroso, talento e dedicação são incapazes de sustentar a reputação profissional de quem não transmite credibilidade e não consegue conquistar a confiança das pessoas com quem se relaciona, dentro ou fora da empresa.

Construir a boa reputação exige preocupação constante e um trabalho diário, em que o resultado depende de cada uma de nossas atitudes e palavras, ações e reações, comportamento e temperamento e, principalmente, da opinião dos outros, algo que se pode até alimentar, mas nunca controlar.

Manter a boa reputação é tarefa ainda mais difícil, e pode ser muito ingrata. Mesmo quando uma pessoa bem intencionada procura agir às claras, de forma honesta, educada e atenciosa, fazendo um bom trabalho, não significa que está livre de ter a sua reputação prejudicada. Interesses particulares inconfessáveis ou mesmo a inveja de pessoas de mau caráter podem dar causa à distorção proposital da realidade dos fatos a fim de permitir que falsas acusações de irregularidades sejam apontadas.

Lamentavelmente, o ser humano é propenso a acreditar em suspeitas mesmo quando não comprovadas. Pessoas podem ser facilmente manipuladas para condenar um inocente sem se dar ao trabalho de apurar a verdade ou de aguardar a conclusão de investigações/auditorias. Assim, muita gente sofre com acusações injustas. Para piorar, mesmo quando a verdade vem à tona, o desmentido nunca tem a mesma força que as acusações feitas inicialmente.

Depois de mais de três décadas construindo a sua carreira profissional e mantendo a sua reputação ilibada, Cláudia finalmente comprou o apartamento dos seus sonhos. Além de bem localizado, como em todo condomínio moderno, havia piscinas, sauna, SPA, quadra esportiva, churrasqueira, parque infantil, academia com professores, salões de festa e serviços.

Rapidamente Cláudia fez amizades com outros moradores, e, como em todo condomínio recém-construído, entendia que algumas instalações e equipamentos poderiam ser melhorados.

Cláudia resolveu se candidatar a síndica. Por causa de seu histórico profissional, ela não teve dificuldades em ser eleita, até porque era visível o desânimo do antigo síndico.

Entusiasmada, ela começou a propor e a realizar mudanças.

Pode não parecer, mas em um grande condomínio existe muito trabalho a ser feito. A questão é que muitos moradores comportam-se como se fossem os únicos donos de tudo, e que o seu ponto de vista deve prevalecer sempre, sem considerar o interesse da maioria.

Por exemplo, quem gosta de praticar musculação quer que novos equipamentos sejam comprados para a academia, mas é contra a reforma do parquinho das crianças. Quem gosta de usar o salão de festas aprova a reforma e modernização das instalações, mas reclama do barulho das festas na área da churrasqueira e dos jogadores que utilizam a quadra de esportes. Até o cheiro do incenso aceso por um morador foi motivo de reclamação. Enfim, não entendem que vizinhos sempre vão existir e que todos têm direitos iguais.

Quem quer morar em condomínios, principalmente naqueles que oferecem área de lazer comum, precisa aceitar conviver com famílias de hábitos e preferências diferentes, e que investir em melhorias, seja lá no que for, valoriza todos os apartamentos e não favorece apenas os usuários da área beneficiada.

Reclamar faz parte da rotina de pessoas que precisam conviver em um condomínio; o problema é a dificuldade de expor posicionamentos com respeito e educação. Não passava uma semana sem que pelo menos uma pessoa descontrolada invadisse a sala da administração aos berros, muitas vezes por questões inexpressivas, como uma babá que estava sentada sobre a folha de uma grande planta.

Sempre que estava presente na administração, Cláudia ouvia as reclamações com a maior paciência possível e tentava atender a todos. Uma moradora estressada chegou a ligar para o apartamento da síndica quando já passava da meia-noite e, aos gritos, reclamava do barulho do portão de acesso à garagem, que era aberto a cada vez que um morador chegava com seu carro. Ela já morava ali havia anos, e a distância entre a sua varanda e a rua era de mais de 50 metros! Se ela optou por morar no primeiro andar, de frente para a rua, devia ter pensado nessa desvantagem antes, certo?

Cláudia decidiu submeter à assembleia de moradores a contratação da reforma da portaria, pois encontrou um projeto já pago e aprovado que se encontrava engavetado. A obra iria aumentar a segurança e permitir a instalação de equipamentos para identificação biométrica dos moradores. Não era fácil obter a aprovação de 2/3 dos moradores (eram mais de 350 apartamentos), por isso não tinha saído do papel.

A obra foi aprovada, e, após a criação da comissão de contratação da construtora, as obras foram iniciadas e eram acompanhadas por outra comissão, encarregada de controlar o andamento dos trabalhos e os pagamentos.

O ex-síndico não escondia seu incômodo com as várias realizações de Cláudia nem disfarçava a sua torcida para que tudo desse errado.

A disposição e a efetividade de Cláudia evidenciavam o perfil acomodado da administração anterior e colocavam o ex-síndico em posição desconfortável.

Cláudia recebia muitos elogios, e tudo levava a crer que permaneceria como síndica pelo tempo que quisesse.

Em seguida, uma denúncia anônima na Secretaria de Obras do Município, apontou um erro técnico no projeto (produzido e aprovado na gestão anterior), provocando a interdição da obra pela prefeitura.

Foi o pretexto de que o ex-síndico precisava. Liderados por ele, moradores contrários à obra e a outras melhorias que estavam em andamento organizaram reuniões sem o conhecimento de Cláudia. Nessas reuniões, suspeitas infundadas foram levantadas, sob o argumento de que síndico que gosta de obra e faz muitas melhorias está, certamente, desviando dinheiro do condomínio.

Várias suspeitas foram levantadas. Por coincidência, na mesma época, alguns problemas aconteceram, alimentando a onda de insatisfação iniciada com a paralisação das obras: a empresa de segurança faliu, e outra precisou ser contratada às pressas; uma criança passou mal na piscina, e por isso toda a água teve que ser tratada, o que exigiu a interdição por três dias durante o verão; um pequeno incêndio atingiu um dos apartamentos; um curto-circuito queimou a mesa de telefonia e os interfones ficaram mudos.

Os fatos que se seguiram fugiram do controle e do razoável. A fofoca correu solta. Cláudia, sem qualquer prova, foi acusada de ter desviado recursos, e muita gente acreditou.

Na assembleia para a eleição de novo síndico, prevista para acontecer no final daquele mês, ela entregou o cargo, em meio a uma enxurrada de suspeitas e acusações.

O ex-síndico, provavelmente para não evidenciar a artimanha que liderou, indicou um substituto, que aceitou ser manipulado por ele. Moradores indignados exigiram a contratação de uma empresa de auditoria.

Uma das moradoras que Cláudia mal conhecia destilava um ódio tão evidente, que chegava a assustar as poucas amigas que se mantiveram fiéis e que, em vão, tentavam defendê-la.

A empresa de auditoria trabalhou durante meses. Procuraram muito, mas nenhum desvio foi descoberto.

Cláudia quis entrar com uma ação de danos morais, mas foi desaconselhada por seu advogado porque, como as acusações mais sérias aconteceram na forma de disse me disse, não havia como provar.

Cláudia continua morando no mesmo condomínio, mas ainda não tem vontade de voltar a frequentar as áreas de lazer.

Como fazer para impedir que esse tipo de injustiça aconteça? Não existe receita. A inveja e o recalque das pessoas que se incomodam com a eficiência e outras qualidades daqueles que se destacam estimulam atitudes desprezíveis, capazes de manchar a reputação e, até mesmo, arruinar carreiras, vidas e famílias.

Quantos profissionais competentes e honestos são prejudicados por serem rotulados com adjetivos depreciativos e inexpressivos como antipáticos ou esnobes só porque não gostam de participar das conversas de corredor e não dão espaço para os fofoqueiros de plantão?

Escândalos são forjados e podem causar muitos estragos. É preciso muito cuidado com isso.

A melhor maneira de evitar provocar sentimentos tão baixos é procurar manter a discrição. Marketing pessoal é importante, mas não é preciso subir no palco e receber toda a luz dos refletores, a menos que você seja um artista profissional.

Algumas pessoas costumam afirmar que não dão a menor importância para o que os outros pensam delas. Viver sob essa condição pode ser agradável, mas, dependendo de como a pessoa age, não contribui para a manutenção de uma boa reputação. Por outro lado, não se pode viver em função dos outros, até porque conquistar a unanimidade de opinião é praticamente impossível.

Ser ou não ser simpático, envolvente ou admirável são características pessoais e, portanto, não podem ser facilmente alteradas apenas porque se deseja. Há que se considerar também que diferentes profissões valorizam perfis distintos.

Além disso, pessoas de sucesso têm o poder de incomodar os invejosos. Assim, até mesmo quando um bom profissional faz tudo da melhor maneira possível, está sujeito a julgamentos desfavoráveis e à maledicência.

Ter consciência de que a reputação de qualquer pessoa pode ser atacada a qualquer momento em situações inesperadas e tentar evitar ou pelo menos se proteger desses ataques é um fator chave para o sucesso e precisa de toda a atenção.

Certo é que, sem provas ou evidências consistentes, não se pode acreditar em acusações precipitadas e sair comentando com outras pessoas.

Por outro lado, na maioria das vezes, a opinião alheia pode até comprometer a imagem de uma pessoa, mas se ela tem por regra a manutenção de uma conduta baseada no respeito aos valores éticos, o tempo vai fazer com que críticas inverídicas, injustas e sem base em fatos ou provas se percam ao longo do tempo.

Ainda assim é preciso saber que um simples passo em falso, um erro de avaliação e até mesmo pequenas mentiras têm o poder de acabar com a boa reputação de alguém que escorregou uma única vez, mas foi descoberto em uma falta que pode ser comprovada.

Boa reputação é mais ou menos como confiança: quando quebrada, a reconstrução é extremamente lenta e incerta. Todo cuidado é pouco.

CONDUTAS ANTIÉTICAS COMO FATOR DE RISCO

No artigo *A elite da tropa: nos bancos, missão dada é missão cumprida*, publicado no jornal Valor Econômico de 19 de novembro de 2010, Luiz Gustavo Medina[1], executivo do mercado financeiro, fala desse assunto na coluna Palavra do Gestor fazendo associação a cenas do filme "Tropa de Elite 2" para abordar uma situação muito comum nos bancos brasileiros:

> *"Em toda e qualquer profissão, o número de pessoas boas e sérias tende a ser infinitamente superior ao de ruins e desonestas. Podemos pegar qualquer exemplo, passando por professores, médicos, mecânicos e afins... Existe uma e somente uma profissão em que guardo alguma desconfiança sobre essa proporção. Não no quesito "roubar", mas no quesito "seriedade, o que é melhor para ele e não para mim". A atividade de que vivo e que a maioria chama de consultoria financeira — ou o nome que a CVM preferir e que signifique mais ou menos a mesma coisa. Vamos incluir nessa lista os gerentes de bancos e similares, pois, apesar de não ser exatamente essa a profissão deles, acabam aconselhando as pessoas sobre o que fazer com o seu dinheiro, onde investir e a melhor hora para tal. Como diria o Capitão Nascimento: Missão dada é missão cumprida!!! É assim, no meu imaginário, que funcionam as reuniões nos grandes bancos de varejo do Brasil entre os diretores ou supervisores com os gerentes e o resto do staff. Só pode ser isso. Só isso explica a impressionante onda que assola os clientes a cada mês, como a mais nova e rentável aplicação que o Banco XYZ preparou apenas para você, cliente preferencial."*

Medina segue o texto:

> *"Quando a bolsa despenca, aparecem os famosos fundos de capital protegido. Esse é o famoso: 'PEDE PRA SAIR'. Você absorve todo o prejuízo e agora que está tudo a preço de banana o gerente lhe oferece uma benevolente opção: daqui pra cima, parte de tudo o que você ganhar com o seu dinheiro é nosso!!!! É sensacional. Meu sonho é ver esse produto sendo ofertado com o Ibovespa aos 73.000 pontos. Por que será que isso não ocorre?"*

---

1 *Valor Econômico*. A elite da tropa: nos bancos, missão dada é missão cumprida. Disponível em: http://www.valor.com.br/arquivo/858155. Publicado em: 19 de novembro de 2010.

"Tudo isso pra contar o épico dia em que me encontrava na sala de espera do meu banco, enquanto meu gerente conversava com uma senhora de aproximadamente 80 anos. Nesses minutos de espera, tocava na minha cabeça a música tema do filme Tropa de Elite: 'Tropa de elite, osso duro de roer, pega um pega geral, também vai pegar você!'. A senhora possuía recursos, não confiava em ninguém e quis que o gerente a auxiliasse com esse dinheiro. Conversa vai, conversa vem, o gerente, lembrando que 'missão dada é missão cumprida', empurrou um PGBL para a senhora."

E Medina continua:

"Foi surreal. Uma senhora de 80 anos (aposentada, é claro) fazendo um plano de aposentadoria com o qual ela teria de contribuir por 35 anos (OK, a expectativa de vida aumentou, mas vamos com calma) para, aí sim, colher todos os benefícios fiscais vendidos como grande trunfo na escolha. Se estivesse na espera o Capitão Nascimento e não eu, ele pegaria o gerente pela gravata e gritaria: 'Gerente, o Sr. é um fanfarrão!!!!'... Como diria nosso grande super-herói: 'O buraco é mais fundo do que parece e o sistema... O sistema parceiro só funciona se todo mundo fizer a sua parte'. Enquanto isso não for plenamente verdade, os clientes precisarão continuar a usar o 'caveirão' quando forem entrar em um grande banco para aplicar seus recursos."

Condutas antiéticas como as que foram narradas por Luiz Gustavo Medina são praticadas no cotidiano das empresas e são aceitas com certa tranquilidade. Práticas desleais, conflitos de interesses, assédio moral e tantas outras condutas equivocadas são percebidas pelas equipes, mas ainda permanecem impunes. Muitas vezes as críticas a essas condutas ficam restritas às conversas de corredor, porque as pessoas não encontram um canal de denúncias confiável ou não se sentem motivadas/seguras para expressar as suas insatisfações às instâncias superiores.

No meu livro *Ética no Ambiente de Trabalho — Uma abordagem franca sobre a conduta ética dos colaboradores* são apresentadas várias situações baseadas em fatos reais que demonstram o quanto ainda é preciso trabalhar para desenvolver a consciência ética nas empresas.

Condutas banais, como falta de respeito ao cliente, respostas não fornecidas, falta de transparência na contratação, na gestão e na promoção de pessoas, irresponsabilidade com os meios utilizados na obtenção de resultados ou em como as campanhas de venda são formatadas, ou, ainda, a não apuração de possíveis manipulações/omissões sobre esses resultados, são alguns dos assuntos tratados no livro. Condutas que exemplificam a falta de atuação do controle da ética corporativa na gestão de pessoas.

Os desperdícios de material e a má gestão das verbas administrativas podem alcançar valores impensáveis. A desmotivação provocada pela percepção de injustiças, discriminações, privilégios e falta de oportunidade tem potencial para gerar perdas imperceptíveis, mas consistentes e que podem provocar prejuízos.

A vaidade, a prepotência e a arrogância dão origem a comportamentos que tornam o ambiente insalubre e, na maioria das vezes, não existe um caminho preestabelecido para quem quer denunciar este tipo de atitude. Pouca gente tem coragem de escrever uma carta anônima de denúncia por exemplo. Até porque, na maioria das vezes, não seria difícil o denunciado chegar à conclusão sobre quem o denunciou.

O que torna tudo mais difícil é a aceitação tácita de que chefes têm o direito de se comportar e falar de forma grosseira e depreciativa. Quem nunca conviveu com colegas arrogantes e vaidosos?

Vejamos algumas características comuns a chefes com esse perfil:

- ▶ O jeito de andar e olhar refletem a sua pretensa superioridade em relação aos demais;
- ▶ Não têm o cuidado de disfarçar a irritação com a "incompetência", esquecendo as regras de educação para falar agressivamente e até debochando de seus subordinados;
- ▶ Reprovam o trabalho apresentado, mas não ensinam ou explicam claramente o que desejam;
- ▶ Quando se dirigem a um superior ou a um cliente, a atitude muda completamente, demonstrando que sabem perfeitamente tratar os outros com respeito;
- ▶ Não aceitam estilos, padrões ou formas de trabalho diferentes dos seus gostos pessoais;

- Não compartilham méritos;
- Só reconhecem a qualidade e elogiam o trabalho alheio quando o bom resultado é incontestável e já reconhecido por outras pessoas;
- Perseguem, isolam e ignoram o trabalho de quem discorda de suas opiniões;
- Precisam ser sempre o foco das atenções e ficam visivelmente incomodados quando alguém se sobressai;
- Exigem atenção quando falam, mas não ouvem o que os outros falam;
- Centralizam decisões, cobram prazos, mas demoram a decidir e provocam atrasos no trabalho da equipe, aumentando o estresse e prejudicando a qualidade do trabalho;
- É do tipo que adora ditar regras e adota a prática do "faça o que eu mando e não olhe o que eu faço".

Em resumo, são gestores que não têm a menor noção do que seja liderança, pois ainda entendem que chefiar se resume a mandar e cobrar.

As consequências são agravadas quando essas características compõem o perfil de um gestor de alto nível hierárquico.

Importante salientar que as características do perfil descrito não estão baseadas em conhecimento ou estudo psicológico, são fruto da observação dos muitos anos de trabalho em ambientes contaminados. Por certo que as características variam de indivíduo para indivíduo. O assédio moral é sorrateiro, e são infindáveis e variadas as formas de atacar aqueles com menos poder para se defenderem.

Gestores assim são muito fáceis de ser identificados. As conversas de corredor e os comentários queixosos acontecem frequentemente e partem de pessoas diferentes.

Chefes assim existem em praticamente todas as empresas e são verdadeiros sabotadores de desempenho e resultados. Cometem um verdadeiro assédio moral coletivo e criam um ambiente de trabalho muito ruim. Da mesma forma, seus exemplos de conduta autorizam os demais chefes de equipe a ele subordinados a agirem da mesma forma. Esse comportamento, além de doentio, é contagioso.

Um exemplo quase absurdo de chefia tóxica é a de um gestor que relutava em assinar documentos, nem que fosse uma simples carta de apenas uma página com esclarecimentos sobre questões legais relativas a um projeto. A resposta foi preparada pela área responsável e apresentada a esse gestor que nunca achava um tempo para ler e assinar a resposta. Foram várias as tentativas de fazê-lo analisar e assinar o documento, mas as respostas eram sempre: amanhã eu vejo isso, vou ler em casa e trago amanhã, agora não tenho tempo, volta mais tarde. Depois de diversas tentativas, devido a uma viagem de trabalho, o documento impresso e a via eletrônica foram entregues à secretária.

Qual não foi a surpresa ao saber, um mês depois, que a resposta não havia sido enviada. A secretária informou que ele não tinha nem lido a minuta apresentada.

Nova tentativa de finalizar aquela simples tarefa e mais uma vez as desculpas vazias. Um mês depois a minuta da carta foi mais uma vez entregue à secretária devido às férias da responsável pela área, que continuava tentando preveni-lo sobre a urgência no envio da resposta — o prazo já havia vencido semanas atrás.

Finalmente ele recebeu uma dura cobrança por parte da instituição que não havia recebido a resposta. Cheio de arrogância, chamou em sua sala a gestora da área responsável pelo projeto, que retornava de férias naquele dia, e o chefe da secretaria, falando, em tom indignado, que considerava inadmissível que uma simples resposta ficasse quatro meses sem ser encaminhada. Argumentou que não sabia da importância daquela resposta, procurando se eximir da culpa pelo atraso, sem considerar que havia meses que a minuta do documento dependia apenas de sua análise e assinatura para ser encaminhada, ou seja, o trabalho havia sido entregue, mas não podia ser finalizado sem a assinatura do gestor responsável: ele! Claro que o incidente deu causa a uma discussão severa entre os dois e o relacionamento profissional ficou profundamente comprometido. Ele nunca admitiu a sua responsabilidade pela demora na solução daquela demanda.

Oferecer um ambiente de trabalho saudável é o ideal de todas as empresas, assim como é o sonho de todos os trabalhadores. Então, por que tantos gestores com esse perfil permanecem ocupando postos de comando?

A resposta é fácil: falta de disposição dos respectivos superiores hierárquicos para mostrar os pontos a serem desenvolvidos, reprovando condutas antiéticas e assumindo o desgaste de fazer críticas, ainda que construtivas.

Repreender um subordinado pode ser muito difícil, principalmente se o desajuste não impacta no alcance de resultados satisfatórios.

Condutas antiéticas acontecem em todo tipo de empresa, incluindo empresas relacionadas ao meio artístico, nas quais pessoas famosas fazem parte da equipe.

A mudança de comportamento em relação ao assédio sexual chegou às manchetes de todo o mundo quando atrizes famosas de Hollywood denunciaram homens poderosos que adotavam a prática de barganhar papéis importantes em produções de cinema em troca de favores sexuais. Um comportamento conhecido há décadas, não apenas na indústria do entretenimento, mas que permanecia encarado como inerente a determinadas carreiras.

Em janeiro de 2018, o pronunciamento de Oprah Winfrey, famosa apresentadora de TV, atriz e empresária americana durante a entrega do Golden Globe Awards, em que recebeu o prêmio pelo conjunto de sua carreira, foi o ponto alto de uma noite que marcou a divulgação da campanha Time's Up, lançada por 300 atrizes, diretoras e escritoras para ajudar financeiramente mulheres de baixo poder aquisitivo a se defenderem na Justiça em processos relacionados ao assédio em todo tipo de profissão, não apenas no cinema.

Novos tempos! Novo entendimento! Nova cultura!

Como mensurar a perda por um trabalho que não foi realizado devido à desmotivação ou à insatisfação provocada por um "antilíder"? O que não é realizado não é percebido, embora o resultado negativo exista. Esse resultado negativo, ou perda, não aparece em relatórios, não produz números e não pode ser contabilizado. É uma das razões pelas quais muitos "antilíderes" permanecem no poder e nem sempre são identificados com o passar do tempo.

Se a área de RH não é acionada ou não possui ferramentas para identificar agentes tóxicos, não tem como oferecer orientação de abordagem e tratamento psicologicamente adequado para inibir a gestão orientada pela vaidade pessoal e pelos desmandos.

Embora seja praticamente impossível controlar o comportamento de cada colaborador, é fundamental esclarecê-los a respeito da linha de conduta considerada adequada pela empresa. Para isso, o comportamento de todos, em especial o dos gestores, deveria ser acompanhado e avaliado quanto à sua conduta ética, o que inclui inibir/punir a gestão guiada pela vaidade e pelo abuso de poder.

Se a qualidade do ambiente de trabalho fosse acompanhada com cuidado igual ao que é dispensado ao controle dos resultados das vendas, sendo mensurada e cobrada, a realidade poderia ser bem diferente.

O foco nos resultados, sem uma análise da forma como foram alcançados, e o preço moral que é pago constantemente pelas equipes chefiadas por pessoas que sabem mandar, mas não sabem liderar, é o padrão de gestão que se vê no mercado de trabalho atualmente.

Acompanhar a conduta ética, não apenas quanto à conformidade no desempenho das rotinas, mas também na erradicação de atos de assédio, é uma questão de lealdade da administração para com todos os seus colaboradores.

Criticar e orientar a conduta de gestores que apresentam desvios envolve oferecer a eles a oportunidade de aperfeiçoamento. Essa função deve ser exercida por um gestor superior na hierarquia, com o apoio dos profissionais de RH e, quando existir, pelo gestor de ética da empresa.

Bons profissionais, quando devidamente alertados, de forma clara, profissional, respeitosa e continuada sobre as atitudes inadequadas que estão adotando, tendem a buscar aperfeiçoamento, ainda que motivados pelo receio da perda do poder.

Como sempre acontece quando uma mudança cultural é implantada, alguns desajustados sofrem a consequência de seus atos, consolidando perante os demais as novas regras ou padrões.

No Brasil, como no resto do mundo, vivemos um momento da história marcado pela ausência de líderes. A consequência é a falta de bons exemplos de conduta a serem seguidos.

Na falta de um líder maior, os jovens buscam se espelhar nas pessoas que exercem cargos de comando na família, na comunidade ou dentro das empresas para entender qual conduta adequada vai levá-los a alcançar o sucesso profissional. Dependendo do exemplo que observam, podem entender de forma distorcida como deve ser o comportamento de um líder.

Caso a realidade permaneça inalterada, podemos esperar que o ambiente de trabalho dentro das empresas continue estressante, doentio e desmotivador, e que as corporações continuem arcando com o custo invisível inerente a um cenário em que as pessoas sofrem, e por isso não produzem conforme seus potenciais e não aplicam suas habilidades.

Importante destacar que, dentro do custo "invisível" da falta de ética no trabalho, estão incluídas as indenizações resultantes de ações judiciais referentes à ocorrência de assédio moral; afinal, os empregadores são responsáveis pelos atos de seus empregados e terão de arcar com o ônus de suas atitudes como representantes da empresa. Possivelmente o assediado vai propor uma ação de indenização por danos morais contra a pessoa que praticou o assédio, mas quem vai pagar o prejuízo, pelo menos perante a Justiça, é a empresa.

Em fevereiro de 2018 o mundo dos negócios foi surpreendido com a notícia da demissão do então CEO da Ford para a América do Norte, Raj Nair.

O motivo da troca de comando alegada por uma das maiores montadoras de veículos do mundo foi "atitude inconsistente com o código de conduta", sem esclarecer qual foi a conduta. Sem dúvida uma decisão ousada da Ford Motor Company, que esteve presente na lista das empresas mais éticas do mundo do Instituto Ethisphere de 2016, e evidencia a manutenção de um programa de conscientização para a ética que não poupou nem mesmo um de seus executivos de altíssimo nível.

O exemplo da Ford confirma a tendência de investimentos para a valorização da conduta ética de trabalhadores de todos os níveis, a fim de evitar desgastes na imagem da empresa e possíveis prejuízos.

EMPRESA VIRTUOSA

A empresa que investe para tornar-se visceralmente virtuosa será naturalmente ética como consequência desse esforço.

O Instituto Ethisphere é o líder mundial na avaliação e definição de padrões que determinam a excelência de empresas em promover práticas éticas. Desde 2007, o Ethisphere homenageia empresas selecionadas para o WMEC — *World's Most Ethical Companies* (Empresas Mais Éticas do Mundo) por demonstrarem que aplicam padrões éticos nos negócios, possuem gestão que estimula a conduta ética dos empregados e realizam boas práticas para influenciar e conduzir mudanças positivas na comunidade empresarial e nas sociedades em que atuam.

O processo de avaliação e seleção para o WMEC estabelece o Quociente de Ética (EQ). Uma série de perguntas de múltipla escolha que captam o desempenho de uma empresa de forma objetiva, consistente e padronizada. As pontuações referem-se a cinco categorias e possuem pesos diferentes para o estabelecimento do EQ:

1. Programa de ética e de conformidade (35%);
2. Ações de cidadania e responsabilidade corporativa (20%);
3. Cultura ética (20%);
4. Governança (15%);
5. Liderança, inovação e reputação (10%).

Na lista de 2018 constam 135 empresas de 23 países, sendo a maior parte de companhias norte-americanas. A Natura, que não esteve presente entre as selecionadas de 2017, é a única empresa brasileira em 2018. Algumas atuam no Brasil, por exemplo: 3M, Adobe, Dell, Colgate-Palmolive, L'Óreal, PepsiCo, Starbucks, Visa, GE e Mastercard.

Timothy Erblich, CEO do Ethisphere, explica: "Este ano vimos empresas cada vez mais encontrando a sua voz. As empresas mais éticas do mundo, em particular, continuaram a mostrar liderança exemplar. E isso não é nenhuma surpresa para nós, pois não só é o que é certo, é a melhor estratégia de longo prazo." (Fonte: https://www.worldsmostethicalcompanies.com).

Roberta Paoloni, líder de *Compliance* da 3M na América Latina, em entrevista ao Portal Administradores (Fonte: https://goo.gl/334myW) publicada em 14 de fevereiro de 2017, afirma: "Quando falamos de ética, realmente nossa maior preocupação é justamente que não se faça um programa que fique no papel. De nada adianta ter investimento, imprimir códigos de conduta, se eles vão ficar em cima de uma mesa, sem ninguém ler."

Roberta explica que na 3M:

"(...) a cultura de ética passa por uma série de iniciativas que visam justamente que as pessoas vivenciem os valores e não apenas leiam o código e o deixem encostados na mesa. Isso começa pelo que chamamos de 'o

tom de cima', ou seja, a alta liderança, desde o CEO global ao presidente e diretores do Brasil, que representa a subsidiária, tem de passar para os funcionários seu exemplo de conduta ética no negócio. Não adianta ter funcionários muito comprometidos com ética se a liderança que traça o planejamento não age da mesma forma.

E esclarece:

"Temos visto no Brasil alguns exemplos que mostram de forma clara os impactos que condutas antiéticas podem provocar. As pessoas hoje têm uma facilidade grande de identificar o impacto negativo da falta de ética. O momento do Brasil fez as pessoas verem na prática as consequências disso. Dentro da 3M já desde muito tempo existe uma cultura de tolerância zero por falta de ética. Atalhos para atingir metas não são tolerados."

Para a Ethisphere, o valor financeiro da empresa e seu perfil ético estão inexoravelmente ligados; fato demonstrado pela análise da variação do preço das ações das empresas selecionadas em 2017 negociadas publicamente, comparadas ao S&P 500 nos últimos dois anos. O S&P 500 (abreviação de Standard & Poor's 500) é considerado o melhor indicador do mercado de ações das 500 empresas líderes cotadas nas bolsas de Nova York e Nasdaq.

Uma instituição ética, para além de buscar realizar negócios éticos, deve valorizar seus colaboradores pagando salários justos e oferecendo benefícios compatíveis com o seu porte e poder econômico. É bom lembrar que quanto mais benefícios são oferecidos, mais qualificado será o quadro de empregados.

- ▶ Plano de saúde;
- ▶ Seguro de vida em grupo;
- ▶ Previdência privada;
- ▶ Creche;
- ▶ Tickets refeição e alimentação;
- ▶ Valores de diárias coerentes;
- ▶ Plano de carreira com verdadeiras oportunidades de crescimento;
- ▶ Processos seletivos internos e externos justos e transparentes;

- Campanhas de vendas alinhadas com o potencial do mercado e com a conformidade dos procedimentos;
- Consistência no estabelecimento de metas e prazos;
- Investimento no desenvolvimento de pessoas, com incentivo para cursos de graduação e aperfeiçoamento;
- Respeito ao cumprimento da jornada contratada;
- Avaliação de desempenho com critérios menos subjetivos;
- Valorização do mérito;
- Transparência nas informações internas e externas;
- Respeito nos relacionamentos com clientes, fornecedores e prestadores de serviço, mantendo negócios rentáveis para todos;
- Ouvidoria interna/externa imparcial, atuante e de fácil acesso.

Além disso, alguns desses benefícios podem ser abatidos do Imposto de Renda das empresas, o que os torna mais interessantes.

O relacionamento com clientes é fator chave de sucesso, mas ainda carece de aprimoramento. Uma empresa ética atua na pós-venda com a mesma atenção conferida à área de vendas.

O marketing de relacionamento deve ser levado mais a sério, em especial na solução de problemas e no atendimento do telemarketing, que precisa ser ágil e eficaz. Perde-se muito com as ações judiciais decorrentes da falta de qualidade nos serviços.

Diferentemente do momento da venda, na pós-venda o cliente fica dependente da boa vontade e do interesse de quem atende para resolver o problema. A qualidade padrão do atendimento que se percebe nessas ocasiões é tão baixa que, quando o cliente é bem tratado e tem a sua questão resolvida, fica verdadeiramente surpreso e encantado. O que deveria ser normal ainda é fator diferencial na competitividade.

A qualidade dos insumos, a origem do material utilizado tanto no produto final quanto nas atividades-meio, a correção no relacionamento com os fornecedores, o monitoramento dos procedimentos dos fornecedores e prestadores de serviços, a destinação dos resíduos industriais... enfim, quanto mais ética for a empresa, mais numerosas serão as frentes de atuação para fazer o que é o certo da melhor maneira possível.

Para conseguir alcançar a excelência, é fundamental contar com o comprometimento de cada colaborador. Empregados insatisfeitos, que se sentem explorados, habituados a conviver com injustiças, falta de oportunidades e impunidade para as condutas antiéticas evidentes, dificilmente estarão dispostos a dar o melhor de si.

É verdade que o investimento no desenvolvimento da consciência ética não garante a eliminação de condutas antiéticas dentro da empresa, mas, certamente, há espaço para melhorar muito e reduzir o alto risco de deixar as coisas como estão hoje.

A natureza humana não permite que todas as pessoas adotem sempre atitudes corretas e boas, mas a divulgação das penalidades aplicadas em consequência de erros de conduta certamente vai provocar melhorias e redução no número de ocorrências antiéticas.

Isso porque o número de pessoas de boa índole, que querem fazer o que é certo, é muito maior do que o número de pessoas que não questionam seus maus atos. Essas pessoas, se bem orientadas e estimuladas a reconhecer e avaliar um dilema ético, tendem a melhorar seu comportamento em busca de crescimento pessoal.

A CONFIANÇA EMPRESARIAL

Os dados de pesquisas recentemente realizadas comprovam a necessidade e a tendência de valorização da ética nas relações empresariais.

A pesquisa Carreira dos Sonhos de 2017, realizada pelo grupo Cia de Talentos, entrevistou mais de 113 mil pessoas, das quais 82.173 no Brasil, e ouviu desde estudantes até gerentes e presidentes em nove países da América Latina.

Segundo os dados coletados, ficou demonstrado que as pessoas estão em busca de relações profissionais marcadas pela confiança, ou seja, líderes e empresas que tenham coerência entre o que falam e o que praticam.

Os melhores talentos selecionam as empresas nas quais desejam trabalhar. As expectativas em relação ao trabalho estão mudando.

Os novos e bem preparados profissionais procuram por empresas que oferecem oportunidades para a identificação de talentos e que propiciem o desenvolvimento de suas habilidades.

Por outro lado, a pesquisa anual *20th CEO Survey — Private Company View* realizada pela PwC, empresa de consultoria empresarial de alcance global, com escritórios em 157 países, entrevistou 781 CEOs (*Chief Executive Officer* — presidentes de empresas, em inglês) em 79 países e constatou que 55% deles acreditam que a falta de confiança é uma ameaça ao crescimento das organizações.

Há vinte anos, a confiança não era motivo de preocupação para os principais executivos de grandes empresas. Todos os entrevistados concordam que a maior ameaça à confiança dos seus clientes é o risco de violação da privacidade e ética dos dados. Em segundo lugar estão os incidentes e interrupções de TI.

Para conquistar e manter a confiança de clientes e colaboradores é fundamental ter ética nos negócios e nos relacionamentos, internos e externos.

Considerando que a ética é uma opção pessoal e que a ética empresarial é a consequência das decisões e da conduta de seus representantes, é possível confirmar a tendência que aponta para a necessidade urgente de maiores investimentos empresariais na formação e criação da consciência ética de colaboradores de todos os níveis hierárquicos, contribuindo para a evolução das diversas sociedades em todo o mundo.

> "Só há duas coisas infinitas: o Universo e a Estupidez Humana, mas não estou muito seguro da primeira. Da segunda, pode-se observar como nos destruímos para demonstrar quem pode mais."
>
> **Albert Einstein**

8
Desenvolvendo a Consciência Ética na Empresa

Já existem há vários anos revistas e sites da área de administração e recursos humanos, inúmeros blogs de consultores especializados, além do site do conceituado Instituto Ethos, que oferecem roteiros para a implantação de um Programa de Ética e acompanhamento dos procedimentos para a manutenção da ética empresarial. Periodicamente são apresentadas listas das empresas mais éticas do Brasil, também identificadas como as que oferecem melhores condições e ambientes de trabalho. Não é difícil encontrar relatos que atestam a eficácia das novas rotinas na melhoria dos resultados da empresa e também no desempenho dos colaboradores. A imagem de empresa comprometida com a ética forma e atrai clientes, talentos e investidores.

Empresas que aparecem entre os casos de sucesso muito provavelmente estão indo além da preocupação com os controles de conformidade para assegurar a ética nos negócios e nos processos.

A disseminação da consciência ética dentro do ambiente de trabalho amplifica a noção crítica que diferencia o certo do errado. Ensinar as pessoas a discernir entre o que deve ou não ser feito é um desafio que exige disposição, crença, resiliência, persistência e habilidade na gestão de conflitos. É um trabalho lento que precisa de continuidade e imparcialidade, sendo indispensável o comprometimento dos ocupantes dos cargos de comando.

E esse é o ponto determinante para o sucesso de um programa de ética empresarial. Ocupantes de cargos de comando não costumam aceitar pacífica e silenciosamente que suas decisões e atitudes sejam questionadas quanto ao aspecto ético, principalmente no que se refere ao seu comportamento e maneira de se relacionar com suas equipes.

Como toda mudança, o desenvolvimento da cultura ética é um desafio extremamente delicado, porque interfere na percepção de poder e na vaidade de alguns gestores.

Os mais resistentes serão, provavelmente, os menos éticos, ainda que honestos. Eles entendem que estão sendo desrespeitados e desautorizados. Ou seja, têm a sensação de que estão perdendo poder, autonomia e liberdade de ação. Geralmente reagem com indignação e até de forma agressiva, gerando conflitos junto aos responsáveis pela implantação da nova cultura. Para desenvolver a consciência ética na empresa, é imprescindível maior transparência e posturas mais humildes e respeitosas de todos para com todas as pessoas, incluindo empregados menos graduados.

Na concepção antiquada de "antilíderes", é inadmissível receber críticas e orientações emitidas por grupos de trabalho, consultores externos ou gestores ocupantes de cargos de menor nível hierárquico.

Embora a ética empresarial esteja diretamente relacionada com a ética das pessoas que trabalham e representam a empresa, os processos de implantação de uma e de outra são bem diferentes.

A ética nos negócios pressupõe a padronização e o controle de procedimentos operacionais, o que implica na mudança de rotinas e monitoramento da conformidade.

Já a mudança cultural exige bem mais que padronização e controle de procedimentos. A mudança cultural é o que solidifica a atuação ética da empresa, resultado da conduta ética de seus representantes, ou seja, de todos os seus colaboradores.

A mudança cultural exige investimento na conscientização das pessoas, que só é obtida mediante esforço contínuo direcionado para o ensino da ética, para o incentivo ao pensamento crítico e para a compreensão dos riscos, dos benefícios e das perdas que envolvem as opções por atitudes adequadas ou inadequadas.

É importante divulgar, com transparência e regularidade, exemplos de ocorrências que asseguram a seriedade empresarial em relação à conduta das pessoas, mostrando os riscos envolvidos nas decisões incompatíveis com os valores éticos. Também há que se destacar (diferente de premiar) as consequências das atitudes daqueles que compreenderam o que a empresa espera deles. O ideal é que essa divulgação seja intensa e convincente, a ponto de fazer com que os colaboradores incorporem os conceitos éticos e passem a praticar esses valores em todos os demais ambientes em que convivem: família, vizinhança, trânsito, clubes, igreja etc.

A seguir veremos o passo a passo sugerido para o desenvolvimento da consciência ética, que compreende também a busca da qualidade dos serviços/produtos, da satisfação do cliente e do compromisso do empregado com a empresa e da empresa com o empregado, assim como com a sociedade na qual estão inseridos.

GESTOR DE ÉTICA

É o coração do programa de desenvolvimento da consciência ética na empresa — A escolha da pessoa certa para exercer a função de gestor de ética é fundamental para implantação do programa de desenvolvimento da consciência ética na empresa. O investimento no seu aprimoramento, assim como na formação de sua equipe, é fator chave de sucesso.

Mais importante do que a seleção do gestor de ética, só a indispensável conscientização e comprometimento irrestrito de todos os dirigentes com a ética e a defesa dos interesses da empresa acima da vaidade e dos interesses pessoais.

Até meados dos anos 1980, a denominação "gestor de ética" simplesmente não existia nos Estados Unidos. Hoje, a *Ethics & Compliance Officer Association* (Associação dos Profissionais de Ética e *Compliance*) reúne milhares de executivos das principais empresas norte-americanas, incluindo empresas sem fins lucrativos, governos e membros de empresas estrangeiras que atuam na América.

Muitas empresas criaram uma área destinada a coordenar suas ações de ética e nomearam um "profissional de ética". Segundo Maria Cecília Arruda, Maria do Carmo Whitaker e José Maria Ramos, no livro *Fundamentos de Ética Empresarial e Econômica*, esse profissional deve estar subordinado e em harmonia com o dirigente de nível mais alto da empresa, o que lhe confere independência de ação. Sua dedicação pode ser exclusiva ou parcial, e ele deve ser responsável por coordenar os programas de ética, inclusive o comitê.

Esse profissional deve estar alinhado com as políticas da empresa — missão, visão e valores — e ter a capacidade de conquistar a confiança e o respeito dos membros do comitê de ética e dos demais empregados. Muitas empresas preferem nomear para o cargo um empregado que já trabalhe na empresa e conheça a cultura e as necessidades, e tenha credibilidade para definir caminhos e tomar decisões. Um profissional contratado no mercado também poderá exercer a função, mas não vai contar com o conhecimento e a boa reputação de um profissional que já trabalha na própria empresa.

Por outro lado, um profissional contratado no mercado terá a vantagem de trazer uma visão isenta com relação aos vícios culturais da empresa, o que contribui para a avaliação da situação inicial, tendo maior facilidade para conduzir eventuais mudanças percebidas como necessárias.

A principal tarefa é coordenar o programa de ética, mantendo vivo e atualizado o código de ética e promovendo os meios necessários para a formação contínua de todos os *stakeholders*.

Entretanto, os programas de ética empresarial e nos negócios, assim como as atribuições e objetivos do gestor de ética, precisam ser revistos.

Está demonstrado nos exemplos já citados neste livro que, mesmo empresas reconhecidas como comprometidas com a ética, ainda estão sujeitas a sofrer grandes prejuízos provocados por erros nas decisões de seus executivos.

Isso porque os sistemas de controle ou *compliance* não são capazes de influenciar na tomada de decisões importantes que dependem unicamente do discernimento ético da pessoa que tem a responsabilidade de escolher um caminho, um investimento, um projeto ou um fornecedor, por exemplo.

Como detectar um conflito de interesses? Para que contratações questionáveis deixem de acontecer, é necessário que a pessoa responsável tenha a iniciativa de informar sobre a inconveniência de sua atuação em um caso específico. Só a profunda consciência ética é capaz de identificar um dilema que envolve conflito de interesses de qualquer natureza. E a decisão correta pode ser a de declarar-se impedido de decidir aquela situação para evitar questionamentos futuros quanto à imparcialidade daquela decisão diante de algum tipo de relacionamento anterior, seja pessoal ou profissional.

Os programas de ética empresarial precisam ser ampliados para programas de desenvolvimento da consciência ética — o que é bem diferente e muito mais difícil de ser realizado.

A busca da conformidade nos procedimentos, foco maior da atenção dos programas de ética nos negócios, não impediu que trabalhadores de todos os níveis continuassem cometendo graves erros de comportamento.

O que adianta seguir à risca todas as normas e procedimentos, se um determinado contrato ou negócio não atende ao maior interesse da empresa? É muito difícil identificar quando um projeto necessário e rentável deixou de ser executado porque o gestor preferiu desenvolver outro que atendia a interesses de cunho pessoal, como proporcionar maior visibilidade para o seu trabalho ou usufruir de benefícios futuros.

A falta de autocrítica em questões éticas implica falta de habilidade para perceber as próprias falhas de conduta.

O ambiente nas empresas está cada vez mais tóxico e insalubre. Pressão para comprometer padrões a fim de realizar objetivos, assédio moral, sexual e atitudes preconceituosas e discriminatórias continuam presentes no dia a dia do ambiente de trabalho de milhões de pessoas no mundo inteiro.

Desenvolver a consciência ética é um processo longo, dá muito mais trabalho do que criar mecanismos de controle e exige o comprometimento de todos, principalmente dos dirigentes.

É uma evolução nas relações humanas e, sendo uma evolução, é também uma tendência.

A passagem da teoria à prática, no que diz respeito à conduta ética, exige a percepção de todos quanto à necessidade de transparência nas relações empresariais. Assim, o gestor de ética precisa estar acessível para ouvir opiniões, respeitar posicionamentos e valorizar boas iniciativas.

Além de perfil adequado, competência técnica e credibilidade, é fundamental que esse profissional esteja preparado para exercer a gestão da ética com firmeza e humildade.

O processo de seleção precisa ser extremamente profissional e cuidadoso.

Como já enfatizamos anteriormente, o poder alimenta a vaidade humana, e o profissional responsável pela condução das ações de ética na empresa também está sujeito a apresentar mudanças de comportamento em face do inebriamento causado pelo exercício do poder. Quanto mais imaturo for esse profissional, mais sujeito estará a adotar uma postura arrogante e passar a agir como o dono da verdade — o que certamente vai criar resistência contra as ações propostas por ele junto ao corpo diretivo da empresa.

Caso isso aconteça, deverá ser advertido da mesma maneira que todos os demais empregados que apresentam condutas antiéticas.

Para a implantação do programa de desenvolvimento de consciência ética, sua atuação pode ser comparada a de um consultor, que vai assessorar os dirigentes e gerentes de todos os níveis na solução de problemas de conduta ética inadequada.

O gestor de ética, ou qualquer outro representante do Conselho de Ética, não pode ficar encarregado de dar o feedback e aplicar sanções sem a autorização e a participação do superior hierárquico da pessoa que cometeu a falta, mas deve orientar a forma como o gestor responsável deverá proceder. Caso haja consenso, é desejável que o gestor de ética esteja presente no momento da realização do feedback, a fim de conferir maior adequação na forma de conduzir a situação, além de maior efetividade e confiabilidade do conteúdo da conversa e como forma de prevenção à percepção equivocada de que as críticas tenham caráter pessoal.

Diante do amplo escopo e da importância da atuação do gestor de ética, é fundamental que não faltem estrutura, sistemas e equipamentos adequados ao trabalho de sua equipe, assim como recursos humanos com perfil compatível e qualificação técnica apropriada. Ao gestor de ética é preciso que seja atribuída autoridade e autonomia para agir, independentemente de quem esteja envolvido em questões éticas. Quando altos executivos forem alvos de suspeitas ou denúncias, suas conclusões e posicionamentos devem ser levados ao conhecimento da diretoria ou do conselho de administração, que têm a responsabilidade de avaliar e definir a melhor solução.

É importante que a equipe coordenada pelo gestor de ética tenha, em sua composição, um psicólogo capaz de orientar sobre qual a melhor abordagem possível no momento de uma conversa presencial com o colaborador que agiu e/ou vem agindo de forma eticamente questionável.

Questionar decisões, comportamentos e forma de condução de equipes e negócios, ou seja, contrariar interesses e restringir poder, costuma ser entendido como intromissão em assuntos específicos de uma determinada área e até mesmo ser percebido como retaliação pessoal.

O modo adequado de apresentar a situação, usando um tom de parceria, com respeito, ponderação e disposição para ouvir, filtrando o que é apropriado ou não, é fator determinante do sucesso ou fracasso na abordagem.

Ao mesmo tempo, alguns podem encarar a conversa como repreensão e reagir na forma de contra-ataque, questionando a competência e as intenções do gestor de ética para fragilizar sua atuação a fim de reduzir o impacto das próprias faltas.

Ninguém gosta de receber críticas, em especial no que se refere à conduta ética. Decisões e condutas antiéticas expõem características pessoais, que, em alguns casos, questionam até mesmo o caráter de quem está recebendo o aconselhamento. A situação se agrava quando a pessoa que está sendo orientada é alguém que exerce cargo de liderança. A reação contrária é natural, e é comum que haja a negação do fato. Por isso, cada abordagem precisa ser habilmente planejada.

Um roteiro deverá ser previamente preparado conforme a gravidade e a abrangência da conduta em questão. O roteiro ideal pode conter os pontos a serem criticados ou passíveis de reorientação, e também prever as possíveis argumentações que serão utilizadas como defesa, além de respostas adequadas a reações menos amistosas.

Ouvir pode ser muito difícil, mas da maior importância nesse momento. A reação da pessoa pode determinar sua permanência ou não naquela função, e por isso é preciso tentar descobrir se essa pessoa está passando por algum momento pessoal difícil e passageiro ou se suas atitudes são fruto de sua personalidade.

Há que se buscar identificar se existe ou não disposição para não persistir no erro. Como esperar que uma pessoa altere repentinamente uma atitude que faz parte do seu modo de ser, por exemplo: a forma grosseira de falar, a linguagem corporal arrogante, o tom de voz agressivo, preconceitos diversos, indisponibilidade para atender à equipe, inabilidade para orientar pessoas, entre tantas outras que caracterizam assédio moral e pressão exagerada?

Caso fique clara a disposição da pessoa em aprender como fazer melhor, em acertar o passo para evoluir como líder, um novo planejamento deverá ser preparado com os detalhes das mudanças esperadas e com a programação de futuros encontros para avaliação. O ideal é que esse planejamento receba o "de acordo" das partes.

O gestor de ética deve ser um profissional experiente, sincero, maduro e que, ainda assim, pode precisar de cursos de formação específica promovidos por entidades externas, seja na área da psicologia, seja para a condução do programa de desenvolvimento da consciência ética dentro da empresa.

As ações pontuais do gestor de ética vão precisar do apoio da diretoria. E para que esse apoio seja efetivo, é importante que todos os principais integrantes da cúpula da empresa também estejam preparados para atender às novas expectativas de comportamento.

Além do amplo conhecimento do código de ética, todos os dirigentes precisam seguir os princípios éticos adotados pela empresa e desenvolver a habilidade de identificar e decidir sobre dilemas éticos, tendo a consciência de seu papel de formador de pessoas através de seu exemplo de liderança.

A credibilidade do programa está na constatação de que todos os dirigentes estão atuando com ética.

Portanto, todos os dirigentes, incluindo os CEO's e os membros dos diferentes conselhos empresariais, deverão passar por formação no mesmo estilo que todos os demais colaboradores, com a diferença de que precisam estar bem preparados para dar os necessários feedbacks a seus subordinados.

Um programa de treinamento em ética predispõe o alcance de melhores resultados quando é realizado de forma interativa, quando grupos de participantes realizam análises de casos e apresentam propostas de soluções adequadas. Os casos podem ser fictícios ou baseados em fatos reais, de preferência sem a identificação dos envolvidos, para a prevenção de questões judiciais.

A discussão em grupo vai estimular que todos reflitam sobre os exemplos apresentados e quais as consequências possíveis, tanto para a empresa quanto para o ambiente de trabalho e para as pessoas envolvidas. Em seguida, as conclusões devem ser apresentadas e novamente discutidas com todos os participantes.

Esse modelo é ideal para todos os níveis hierárquicos na empresa, sendo que para os gestores ainda há que se acrescentar a preparação para dar e receber feedback.

A orientação passada aos novos contratados e os programas de desenvolvimento gerencial devem sempre abordar a educação ética, pois isso ajudará a desenvolver habilidades de raciocínio crítico necessárias à resolução de dilemas éticos.

Educar para a conduta ética é um processo lento porque envolve mudança de entendimento e de comportamento. Enquanto que para algumas pessoas essa nova realidade vai trazer satisfação, alívio e confiança, para outras pode significar censura, julgamento, condenação e perda de liberdade de ação.

Mudar a forma de entendimento sobre certo e errado, adequado e inadequado, identificando dilemas éticos, é um objetivo ousado, mas que se torna cada vez mais necessário.

Condutas antiéticas operacionais, de maneira geral, podem ser reveladas por monitoramentos sistemáticos, informatizados ou não, de rotinas propensas a sofrerem adulteração ou serem mal executadas, como: prestações de contas de viagens, cartões de crédito corporativo, compras e contratações, atendimento de telemarketing e, em especial, vendas.

O ideal é que as áreas de *compliance* e/ou auditoria estejam afinadas com o gestor de ética no esforço de desenvolver e implantar sistemas de controle para detectar pontos que podem estimular a conduta antiética. Essas rotinas, denominadas por alguns como "auditoria ética", visam o cumprimento das normas do código de conduta certificando que houve a aplicação das políticas específicas e sua compreensão clara por parte de todos os empregados. Esse programa pode subsidiar as ações de treinamento e as atualizações periódicas do código de ética.

Para que o programa de desenvolvimento da consciência ética tenha a credibilidade e o respeito de todos, é fundamental que todas as ocorrências detectadas sejam corretamente apuradas e devidamente punidas. O discurso sem a prática acaba provocando descrédito e incentivando a continuidade das atitudes e comportamentos cuja intenção é inibir.

Não há como negar: o exercício da função de gestor de ética é muito desgastante. Para superar tantos aborrecimentos, o profissional precisa de alto nível de comprometimento, e só pode ser exercido por idealistas que creem na importância dessa função na construção de um futuro melhor, com ambientes de trabalho mais saudáveis e pessoas menos infelizes.

Cabe à comissão de ética e aos dirigentes apoiar e fortalecer a atuação correta desse profissional, pois, caso contrário, a credibilidade e a eficácia do trabalho do gestor de ética estarão fadadas ao descrédito e desrespeito pelos demais.

É fundamental que todos os assuntos sejam tratados de forma impessoal, tendo sempre como foco o benefício da empresa, sem corporativismo e sem privilégios.

COMISSÃO DE ÉTICA

A comissão de ética deve ser formada por profissionais capazes de, juntos, obterem uma ampla visão corporativa, jurídica e das características de mercado e de negócios da empresa.

A formação pode variar muito, mas, de uma maneira geral, o ideal é que ela seja composta por altos executivos das áreas de:

1. Gestão da Ética;
2. Recursos Humanos;
3. Marketing ou Comunicação Interna;
4. Estratégia Empresarial;
5. Comercial;
6. Jurídica;
7. Auditoria;
8. *Compliance*;
9. Ouvidoria;
10. Governança Corporativa.

A comissão de ética será responsável por:

- ▶ Elaborar o código de ética;
- ▶ Criar política de consequências;

- Criar canal de denúncias;
- Coordenar a disseminação do código de ética entre os colaboradores, promovendo o debate;
- Divulgar o código de ética junto aos *stakeholders*;
- Coordenar a elaboração e aplicação de ações educativas para o desenvolvimento da consciência ética entre os colaboradores de todos os níveis hierárquicos;
- Coordenar a produção e aplicação de pesquisas capazes de detectar a prática da ética no ambiente de trabalho;
- Definir ações corretivas para os desvios de conduta identificados nas pesquisas, coordenando a aplicação dessas ações;
- Esclarecer dúvidas sobre questões éticas;
- Apurar denúncias;
- Julgar casos de violação do código de ética;
- Aplicar penalidades;
- Divulgar ocorrências e respectivas penalidades;
- Manter atualizado o código de ética por meio de revisões periódicas.

A Comissão deve ouvir os representantes de todas as áreas da empresa antes de criar o código de ética.

O ideal é a criação de um canal interativo atuante, no qual todos os empregados possam apresentar propostas e sugestões de questões relativas à ética, tanto nos aspectos empresariais como naqueles relativos à conduta pessoal.

As informações recolhidas deverão ser compiladas e servir de base para a elaboração e atualização do código de ética (ou código de conduta, carta de princípios etc.).

CÓDIGO DE ÉTICA

O clima ético predominante na organização deve refletir a filosofia e os princípios definidos e adotados pelos proprietários, acionistas e dirigentes. Isso se materializa no código de ética, que nada mais é do que a declaração formal das expectativas da empresa com relação à conduta de seus executivos e demais empregados.

O código de ética não pode exercer sozinho o papel de um programa de implantação da ética empresarial. Também não tem a pretensão de solucionar dilemas éticos da organização, mas fornecer critérios ou diretrizes para que as pessoas encontrem formas éticas de se conduzir.

Não precisa necessariamente contemplar os ideais, a missão, a visão da empresa, embora se apoie neles, mas é fundamental deixar claro o que é uma afirmação genérica e o que é uma afirmação de caráter regulamentador, à qual deve corresponder uma punição.

Alguns códigos de ética descem ao nível concreto dos problemas enfrentados pela organização, enquanto outros se limitam a fornecer diretrizes gerais, deixando questões pontuais para os manuais de procedimentos das diversas áreas funcionais da empresa.

Assim, enquanto alguns códigos de ética estabelecem que "é proibido presentear os fornecedores ou clientes", outros vão ao pormenor: "não devem ser oferecidos presentes acima de determinado valor monetário".

O código é apenas o início do trabalho de desenvolvimento da cultura ética na organização.

Códigos variam muito em conteúdo, extensão e clareza, mas costumam ser utilizados como guia quanto às regras estabelecidas pela empresa. Normalmente, contemplam as relações de empregados entre si e com os demais públicos da empresa, os *stakeholders*.

Uma das maiores dificuldades a ser superada é estabelecer o tamanho ideal de um código de ética, pois o certo é que, quanto maior for esse código, menos empregados estarão dispostos a lê-lo com a devida atenção. Por outro lado, quanto menos abrangente, mais facilmente ocorrerão condutas antiéticas não previstas.

Não obstante, é praticamente impossível que um código de ética estabeleça regras específicas para as centenas de decisões que acontecem todos os dias e que definem as ações pessoais e empresariais.

Assim, o mais producente é que o código trate das situações que fazem parte da rotina da empresa, no caso, aquelas que costumam gerar dúvidas quanto à forma correta de agir, focando nos valores que devem nortear essas decisões. O código ajudaria a analisar os dilemas éticos e a tomar as melhores decisões nas mais variadas situações.

Os principais tópicos abordados na maioria dos códigos são:

- Conflitos de interesses;
- Conduta ilegal;
- Segurança dos ativos da empresa;
- Honestidade nas comunicações dos negócios da empresa;
- Denúncias;
- Suborno;
- Entretenimento e viagens;
- Propriedade de informação;
- Contratos governamentais;
- Responsabilidades pessoais;
- Assédio moral ou profissional;
- Assédio sexual;
- Uso de drogas e álcool.

Algumas organizações dividem o código de conduta em diferentes partes: a primeira apresenta os princípios gerais e cita os valores mais importantes para a empresa. Em seguida vem a parte mais detalhada, que inclui aplicações específicas para determinadas ocorrências e respostas para as questões habitualmente levantadas.

Algumas empresas criam anexos como forma de atender às necessidades de áreas como compras e recursos humanos ou para cargos de maior poder decisório. Dessa forma, é mais fácil despertar o interesse pelo conhecimento do código por parte das pessoas que exercem determinadas funções.

O código de ética não deve ser cansativo ou repetitivo. É importante não transformá-lo em regulamento ou manual de procedimentos.

Dependendo do tamanho da empresa e dos diversos mercados em que ela opera, como as multinacionais, é importante que o código atenda eventuais exigências ou características locais.

O código deve ser permanentemente atualizado e as novas versões amplamente divulgadas. Organizações que trabalham a ética com mais seriedade costumam lançar uma nova versão a cada um ou dois anos.

As auditorias, que reconhecem e atestam oficialmente uma empresa como sendo ética, exigem que todos os empregados assinem registros em que confirmam a leitura do código (ainda que não o tenham feito), comprometendo-se a respeitar as regras ali expostas.

Entretanto, poucas empresas oferecem treinamentos sobre o código de ética.

O treinamento, realizado em grupos dentro de uma mesma área, precisa incluir a leitura compartilhada e o debate sobre as questões que constam do código que mais têm afinidade com as rotinas de cada setor.

Todos os colaboradores devem estar presentes. É uma atividade que exige o comprometimento dos gestores, que devem participar ativamente das discussões, orientando suas equipes sobre o comportamento esperado.

Os cargos de comando são os que merecem um acompanhamento mais atencioso e continuado. De nada vai servir elaborar, lançar e divulgar um código de conduta se os empregados de níveis mais baixos continuarem a perceber que seus superiores desobedecem às regras apresentadas.

Outro risco a ser avaliado é o perigo de haver incoerência entre o que está disposto no código de ética e o que se vive na organização, incluindo aí as pressões por resultados a qualquer custo, as regras para a realização de negócios, gestão de pessoas etc.

Se não houver disposição da alta administração em vivenciar na prática o tipo de conduta condizente com o teor do código, é melhor não o fazer.

Além disso, os empregados devem ser estimulados a denunciar ocorrências que desrespeitam a ética e a não obedecer a ordens que violam as regras.

A sociedade assim como o conjunto dos colaboradores no ambiente empresarial são os maiores fiscais da conduta ética.

Voltamos, assim, à questão dos gestores que servem de exemplo e da responsabilidade que eles assumem ao ocupar uma função de comando.

Os diretores, gerentes, supervisores, ou seja lá qual for a nomenclatura adotada pela empresa, formam o principal público para receber treinamentos. Eles têm a obrigação de manter a ética em sua conduta rotineira, servindo de modelo para as suas equipes e atuando como irradiadores no esforço de disseminação permanente dos valores e do comportamento ético.

A elaboração de um código de ética eficaz exige clareza e transparência. É necessário ter em mente que a chave do gerenciamento está na qualidade das regras estabelecidas e que essas regras têm de ser cumpridas.

POLÍTICA DE CONSEQUÊNCIAS E APLICAÇÃO DE PENALIDADES

A aplicação de penalidades tem caráter educador e é eficiente.

O ser humano é resistente a mudanças, principalmente quando envolve mudança de hábitos. Lamentavelmente, a simples explicação das razões pelas quais um costume precisa ser alterado não tem poder de persuasão sobre a grande maioria as pessoas.

Basta observar o quanto é difícil convencer a população em geral de regras básicas criadas para proteger o próprio cidadão, como, por exemplo, que o uso do filtro solar protege a pele dos raios nocivos do sol ou que o uso do cinto de segurança pode salvar vidas; ou, ainda, que não pode ultrapassar na contramão. Se todos respeitassem essas orientações, não haveria necessidade de imputação de tantas multas ou os casos de câncer de pele não seriam tão frequentes.

Inexplicavelmente, de alguns anos para cá, a palavra punição ganhou uma conotação malévola. Punição passou a ser entendida como crueldade, quando na verdade significa corrigir, repreender com a finalidade de provocar melhoria.

Muitas crianças estão sendo criadas sem aprender noções de limites e sem saber onde termina o direito individual e começa o direito das outras pessoas porque seus pais não se sentem confortáveis para aplicar punições.

Muitos educadores e psicólogos chamam a atenção para o comportamento de pais que decidiram não contrariar seus filhos e os deixam livres para agir conforme suas vontades, sem considerar que as crianças ainda são imaturas e não têm condições de fazer as melhores escolhas. O ensino de noções básicas de comportamento, principalmente nas situações em que precisam conviver com estranhos, vem sendo negligenciado.

Seria injusto afirmar que esses pais agem assim por mera preguiça/irresponsabilidade na educação de suas crianças, pois a missão de criar filhos envolve dedicação e desgaste pessoal. Observo que muitos pais estão errando porque são pessoas emocionalmente carentes. São pais e mães inseguros que têm tanto medo de não serem amados pelos próprios filhos que preferem satisfazer a todas as vontades e caprichos das crianças apenas para evitar conflitos. Ignoram que amor é um sentimento intimamente associado ao respeito e à admiração. Confundem autoridade, essencial na educação, com autoritarismo, que implica desrespeito aos direitos individuais.

E essa postura independe do nível de educação dos pais. É um mal que atinge ricos e pobres, doutores e semianalfabetos. Todos querendo ver apenas a alegria nos olhos dos filhos. Todos determinados a nunca dizer a palavra **não** para seus pequenos inocentes. Ignoram que, na verdade, estão contribuindo para desenvolver seres humanos egoístas, tiranos e ingratos que, no futuro, deverão padecer mais do que os outros para aceitar frustrações.

Crianças que não são orientadas a respeitar limites, caso não tragam em sua formação genética uma personalidade forte e acentuado senso de ética, têm amplas possibilidades de se tornarem adultos de difícil relacionamento e vão sofrer muito em ambientes que exigem a convivência com outras pessoas como escolas, condomínios, competições esportivas e relações de amizades, amorosas ou profissionais.

Para impor a autoridade basta expressar uma decisão com a devida firmeza e convicção do que é o certo, justo e adequado. O poder econômico não só pode como deve ser usado sempre que necessário para fazer com que os filhos cumpram as decisões dos pais.

Filhos devem obedecer às ordens de seus pais, mas é justo e necessário que recebam explicações para que possam entender a razão de estarem recebendo um "**não**" como resposta. Para isso, é preciso que os pais conversem com seus filhos em linguagem que eles entendam, pois ninguém gosta de ser contrariado sem sequer saber o porquê. É preciso explicar, mas caso as crianças não queiram entender, resta aos pais a opção de aplicar um bom e educativo castigo. O tempo de duração de um castigo adequado é também um ótimo tempo para que elas pensem melhor a fim de entender como a vida funciona. Para educar é preciso muito amor e muita paciência.

A verdade é que estamos vendo crescer gerações de pessoas mimadas, despreparadas para conviver e trabalhar em grupos. São crianças, adolescentes e jovens adultos que não aceitam quando suas vontades não são atendidas, e, por vezes, perdem o controle emocional e se deixam abater por qualquer contrariedade. Não sabem lidar com as diferenças nem com as impossibilidades, e logo desenvolvem um sentimento equivocado de rejeição porque percebem que o mundo não vai atender seus desejos do jeito e na hora que querem.

Ser professor está cada vez mais difícil. Esses profissionais não são respeitados por seus alunos nem pelos pais de seus alunos. Agressões e ofensas acontecem com frequência.

Crianças mal formadas tornam-se pessoas que não aprenderam a respeitar regras e não sabem competir com *fair play*, seja no esporte ou no trabalho. Tornam-se pessoas sujeitas a aceitar "atalhos" descomprometidos com os valores éticos. Assim, ficam a um passo das drogas, do *doping* no esporte, de atos violentos de quem não possui condições de argumentar para defender seu ponto de vista. Também têm mais probabilidade de adotar práticas sexuais promíscuas e, de quebra, engravidar da, ou engravidar a, pessoa errada.

A falta de atitude dos pais forma pessoas incapazes de encarar o mundo real, onde todos têm direitos e os espaços precisam ser conquistados com ética e da forma mais harmônica possível. O mundo se apresenta muito diferente daquele que seus pais ensinaram, no qual todos estavam empenhados em atender às suas vontades. Hoje, é possível ver pais perdidos tentando encontrar explicações para tantos problemas causados por seus amados filhos. A boa intenção pode ser bastante ineficiente.

Que tipo de profissional essas crianças vão se tornar? A verdade é que elas vão penar para se adequarem à realidade do mercado de trabalho. Se não aprenderam a obedecer aos pais, como vão obedecer ao chefe? Dificilmente esses jovens aceitarão com facilidade os salários mais baixos, naturais para quem começa uma carreira. Também vão precisar ter a humildade de aprender com os mais experientes, assim como terão de atender às orientações de seus superiores hierárquicos e respeitar colegas, clientes e fornecedores.

Quando boas empresas contratam pessoas com esse tipo de dificuldade de relacionamento, mas que demonstram conhecimento técnico e talento, haverá, provavelmente, um esforço de adaptação de ambas as partes. Esse período de adaptação será menos penoso e mais curto nas empresas que investem na educação para a formação da consciência ética, pois esse aprendizado passa obrigatoriamente pelos conceitos de conduta e valores éticos e pelo esclarecimento quanto às penalidades previstas para os desvios praticados. Ou seja, se os pais não aplicaram castigos corretivos, a vida e as regras da empresa farão esse serviço.

Se até mesmo os maiores líderes de diferentes religiões reconhecem o mérito educativo do castigo — expiação de faltas, pecados, ofensas ou dívidas — como forma de corrigir, resgatar e apagar os erros cometidos, por que razão o ato de punir tem sido tão condenado?

Por que empresas, famílias e escolas passaram a ser tão criticadas quando aplicam punições para ensinar a forma correta de agir? Obviamente o ensino dos valores éticos acabou se perdendo nessa onda de liberalismo excessivamente condescendente. Exageros costumam provocar danos onde quer que aconteçam.

Passamos de um tempo de radicalismos, em que a palmatória e os espancamentos de crianças eram tolerados, diretamente para o polo oposto, em que qualquer castigo é motivo de críticas e condenações. E o meio termo, que costuma ser o melhor caminho em quase todas as questões, onde fica? Como ter sucesso em educação se a punição ou o castigo não forem utilizados com o caráter didático que possuem?

Além disso, se a ética não está sendo ensinada por tantas famílias, cabe às empresas desenvolverem programas para defender seus interesses, seu patrimônio e sua reputação. Sem dúvida, o melhor caminho para prevenir erros de conduta é a educação. Se o desenvolvimento da consciência ética for eficazmente trabalhado, punições e castigos deverão ser cada vez menos necessários. Afinal, não há melhor método educacional de conduta do que o exemplo percebido pelos que vão chegando.

Ao mesmo tempo, as melhores empresas estão diante da oportunidade de se tornarem agentes educadores. Quando uma pessoa é punida por sua conduta errada, muitas outras pessoas aprendem a mesma lição.

Todavia é indispensável que as penalidades impostas estejam coerentes com a gravidade da falta cometida, seja em que ambiente for.

Notícia publicada em jornais e revistas de vários países, em março de 2010.

"Gravação em circuito fechado foi a evidência usada para prender e depois demitir um funcionário de callcenter em Newcastle, no Reino

Unido. Seu erro, de acordo com a acusação, foi comer o pacote de biscoitos que pertencia a uma colega."

Funcionário do turno da noite de um *callcenter* da famosa loja M&S, Michael Campbell achou que não faria mal ao avançar no pacote de biscoitos que pertencia à colega Pamela Harrison. Furiosa ao descobrir que os biscoitos haviam sumido, ela checou a gravação e chegou ao culpado — que ela acusou de roubo, e por isso ele foi preso.

No início, Campbell negou a acusação, mas diante do juiz acabou confessando sua culpa, dizendo que havia pensado que os biscoitos eram para o consumo de toda a equipe do escritório.

Através de seu advogado, Pamela Harrison disse que ficou decepcionada ao perceber que um colega de trabalho havia invadido seu espaço pessoal para pegar itens, embora de pouco valor, o que fez com que ela se sentisse insegura.

O juiz concordou com a acusação de que o ato foi uma "quebra de confiança", e ordenou que Campbell não apenas pagasse o valor do pacote de biscoitos (equivalente a R$ 20), mas também as custas do processo. Ele também recebeu um aviso de que não pode se meter em confusão por um ano, sob o risco de ir para a cadeia.

Já o advogado do acusado Michael Campbell disse à imprensa que durante seus anos de estudo de Direito jamais sonhou que teria de participar de um caso como esse. "Tudo bem que as pessoas podem dizer que roubo é roubo, mas é muito triste que alguém como meu cliente tenha sido condenado e ainda perca seu emprego por algo assim."

Campbell, que conseguiu um emprego em um bar, ainda não se conformou com a decisão. "Pagar R$ 470 por um pacote de biscoitos é um absurdo. Não sou uma pessoa desonesta. Trabalho agora num bar, e o dono confia em mim a ponto de deixar as chaves comigo."

O caso acima exemplifica a importância do equilíbrio e coerência na imputação de penalidades.

Evidentemente a conduta de Michael não foi correta. É relato comum entre os empregados de diversas empresas a apropriação de lanches e refeições guardados nas geladeiras e armários da copa ou da própria mesa de trabalho.

Entretanto, prender e demitir um empregado por isso, sem antes dar-lhe a oportunidade de se retratar, é uma punição tão severa que pode ser classificada como antiética.

O simples fato de ter sido descoberto e obrigado a confessar o roubo do pacote de biscoitos, que muitos até encaram como brincadeira, ainda que de mau gosto, já seria um constrangimento capaz de fazê-lo pensar duas vezes antes de voltar a agir de maneira semelhante. Além disso, uma simples punição como repor o pacote de biscoitos, a exposição de sua conduta para os colegas e o recebimento de uma repreensão verbal da chefia, sendo alertado sobre a inconveniência e falta de correção de sua atitude, já seriam suficientes.

As pessoas defrontam-se diariamente com dilemas em que precisam optar entre o certo e o errado. Quando alguém opta pela atitude incorreta, ela deve ser repreendida, demitida, rebaixada, suspensa ou oficialmente advertida.

O estudo do comportamento ético envolve um profundo entendimento dos fatores que influenciam as decisões nas mais variadas situações.

No filme *A confissão*, de 1999, o ator Ben Kingsley interpreta um judeu ortodoxo chamado Fertig, que diz: "As pessoas dizem que é difícil fazer a coisa certa. Fazer o certo não é difícil. Difícil é saber o que é certo. E quando se sabe o que é certo, o difícil é não o fazer."

O roubo de um pacote de biscoitos pode ter sido avaliado por Michael como uma ocorrência menos grave. No que se refere à análise de decisões sob o aspecto da ética, esse tipo de avaliação tende a ser muito comum. As pessoas costumam agir sem questionar, sem pensar mais profundamente a respeito da correção de suas atitudes. Não fazem por mal, fazem porque viram outros fazendo, fazem porque ninguém despertou nelas o questionamento quanto ao aspecto ético.

A aplicação de penalidades coerentes com a falta tem caráter educador e se mostra eficiente ao longo da história.

Uma política de consequências adequada tem de considerar as diversas variáveis envolvidas na atitude equivocada em questão.

Primeiramente, é fundamental analisar se a conduta foi um ato pensado, se o agente tinha consciência da inadequação de sua atitude ou se foi um erro de avaliação.

O erro é uma falha acidental, involuntária, uma tentativa frustrada ou malsucedida de acertar.

Em que contexto aquela decisão foi tomada? Quais fatores influenciaram aquela decisão? Se o pacote de biscoitos tivesse sido furtado durante a madrugada, num dia de serão inesperado, no qual o empregado não tivesse como saciar sua fome para poder voltar a trabalhar com um mínimo de concentração, a repercussão certamente seria menos danosa. Nesse caso, o único erro seria não assumir a autoria do feito antes de ser descoberto.

É sabido que muitas condutas éticas dependem do desenvolvimento moral do indivíduo, mas também são influenciadas por fatores externos, como: normas de trabalho, sistema de premiação, a forma como os pares executam suas funções, o tipo de pressão da chefia, os papéis desempenhados, os exemplos observados, entre outros.

O gerenciamento do comportamento ético exige uma atitude proativa e efetiva quanto aos princípios, mas é preciso considerar os fatores externos. É claro que o caráter individual influencia a conduta, mas não é o único determinante dos comportamentos reprováveis. Se assim fosse, o gerenciamento da ética no trabalho seria apenas uma questão de selecionar os melhores frutos e se livrar daqueles considerados "maçãs podres", com a intenção de inibir novas ocorrências. Na verdade, esse tipo de solução pode gerar muitas injustiças.

Após a identificação da ocorrência, é preciso tomar cuidado extremo na apuração dos fatos e na imputação de penalidades.

Deve-se ter em mente que gerentes são responsáveis por disciplinar seus subordinados, assim como os pais são responsáveis por educar seus filhos. Muitas vezes, ou melhor, na maioria das vezes, uma boa conversa tem um alto valor educativo.

Essa atribuição faz parte do papel de líder, mas poucos profissionais ocupantes de funções de liderança conseguem atuar com essa responsabilidade quando alguém de sua equipe escolhe trilhar o caminho errado. É mais cômodo e menos conflitante fazer de conta que não está percebendo o problema e esperar que ele se resolva sozinho. É óbvio que isso não vai acontecer, e que a falta de atuação educativa estimula a continuidade e contribui para agravar o quadro. Pior ainda, a conduta antiética não reprimida estimula outros a agirem da mesma forma.

Todos nós sabemos que um bom sistema disciplinar costuma funcionar. Se as pessoas sabem antecipadamente que serão punidas caso sejam descobertas, elas estarão menos dispostas a correr o risco.

As penalidades devem ser comunicadas e imputadas da maneira mais cortês possível, para deixar claro que aquela punição é uma oportunidade que está sendo dada para que a pessoa cresça pessoal e profissionalmente.

Como gerente geral de algumas agências bancárias, em várias ocasiões, eu fui procurada por clientes que reclamavam da conduta ou de informação equivocada prestada por algum membro de minha equipe. Além de buscar a solução para aquele cliente, eu perguntava quem o tinha atendido de maneira errada. Não me lembro de nenhum caso em que o cliente tenha citado o nome ou apontado a pessoa. Eu explicava que não se tratava de querer punir o empregado, mas de identificar quem errou para conversar com ele e mostrar o erro para que ele aprendesse e não voltasse a repetir o mesmo equívoco com outras pessoas. Como alguém vai aprender se não lhe é dada a oportunidade de saber que está errando?

É importante ter consciência de que um feedback pontual, compreensivo e verdadeiramente construtivo costuma ser recebido de forma positiva. Também é importante que a pessoa tenha a oportunidade de se explicar, de justificar suas atitudes, narrar a sua visão daquele fato, mesmo que as desculpas não amenizem a gravidade do erro cometido. Essa conversa é uma boa chance para esclarecer alguns pontos duvidosos ou mal interpretados.

Um trabalhador comprometido tende a responder positivamente a uma punição considerada justa se a abordagem for construtiva e os ângulos de análise forem explicados com cuidado e respeito. Da mesma forma, as razões pelas quais a punição se faz necessária deve ser explicada, não apenas ao autor da conduta antiética, como ao maior número possível de pessoas que tiveram conhecimento do fato. Essa é a melhor maneira de inibir que outros adotem a mesma postura.

Entretanto, se é preciso punir, que a punição seja feita em particular. A humilhação de uma punição comunicada ou aplicada publicamente vai doer muito mais do que a punição em si, e pode gerar uma percepção de injúria e difamação.

Ao mesmo tempo, faz-se necessário que os demais empregados tenham conhecimento da punição aplicada. Como já foi dito, uma punição bem aplicada tem forte caráter educativo para os demais. Portanto, o ideal é que o líder saiba utilizar a força do canal informal de comunicação interna — a conversa de corredor ou a "rádio cafezinho" — para divulgar uma punição entre aqueles que já têm conhecimento da ocorrência.

Outra solução possível é a criação de um boletim no qual as condutas antiéticas, assim como as penalidades imputadas, são descritas sem que sejam identificados os agentes envolvidos. Evidentemente que os empregados que presenciaram esses fatos vão identificar as pessoas envolvidas, mas o objetivo é que todos tenham conhecimento das consequências e prejuízos que estão sendo impostos àqueles que agem de forma antiética.

Profissionais qualificados preferem trabalhar em empresas justas. Querem ter a certeza de que boas condutas serão reconhecidas e que as más condutas serão punidas.

As penas devem sempre ser imputadas após um feedback pontual e podem variar entre:

1. Uma conversa entre a chefia e o empregado, quando a conduta é repreendida com os possíveis esclarecimentos dos motivos que a tornam inadequada;
2. Oportunidade para assumir e reparar o erro;
3. Suspensão de benefícios como folgas, promoções e horários diferenciados etc.;
4. Decesso;
5. Registro no histórico funcional em forma de advertência;
6. Transferência para outra área dentro da empresa;
7. Suspensão do trabalho com desconto do número de dias estabelecidos;
8. Demissão;
9. Demissão por justa causa;
10. Demissão por justa causa com registro policial da ocorrência.

A recorrência de uma pessoa em mais de uma conduta antiética precisa receber penalidade mais pesada do que aqueles que erram pela primeira vez.

Também é importante lembrar que as pessoas costumam aprender muito por meio da observação dos desdobramentos provocados pelas atitudes praticadas pelos outros. Elas copiam condutas premiadas e evitam cometer atitudes que foram punidas.

Se as pessoas perceberem que aqueles que mentem, roubam, enganam e fraudam são adequadamente punidos, elas evitarão cometer esses mesmos erros. Entretanto, se perceberem que alguém que costuma mentir e enganar pode ser promovido, elas serão estimuladas a agir da mesma forma.

Outro fator a ser observado é que ocorrências semelhantes devem receber punições semelhantes. A percepção de dois pesos e duas medidas sendo utilizados em situações similares cria a sensação de injustiça e de proteção de uns em detrimento de outros.

Não pode haver exceções. Empregados ocupantes de funções mais elevadas que desrespeitam as regras também devem ser punidos com o mesmo nível de penalidade aplicado aos menos graduados.

Uma empresa ética precisa tratar todos os seus colaboradores da mesma forma; precisa transmitir a eles uma inequívoca mensagem de que violações de conduta ética não serão toleradas. Só assim estará disciplinando e desenvolvendo a consciência ética.

Outra questão que precisa ser considerada é a tendência que todos têm de obedecer e respeitar a hierarquia. Então, se um chefe manda seu subordinado executar uma determinada tarefa, ele provavelmente vai cumprir a ordem, mesmo que considere que aquela atitude não está correta. Quantos depoimentos de militares nazistas registram que eles executavam os judeus porque estavam cumprindo ordens? Esse exemplo pode parecer exagerado, mas guerras e perseguições continuam acontecendo no mundo inteiro. Chefes mandam e pessoas continuam atirando, arremessando bombas e torturando até mesmo crianças.

A mente humana pode ser conduzida e gestores com habilidade para dominar seus subordinados vão encontrar justificativas convincentes para fazê-los matar, roubar, desviar, manipular dados em relatórios, corromper, aceitar suborno, omitir, deturpar a realidade ou, simplesmente, mentir.

Mais uma vez fica evidente a importância de acompanhar a conduta dos gestores para identificar e inibir atitudes que podem não ser tão graves como as que acontecem em guerras, mas que norteiam e inspiram os novatos a seguir os exemplos de conduta que percebem em seus líderes.

Seguir a hierarquia é necessário e importante, desde que as orientações e as ordens emitidas sejam para atender aos interesses da empresa sem ferir direitos alheios.

Por outro lado, o líder competente, ético, justo e educador não pode aceitar atos de insubordinação. Dar espaço para iniciativas construtivas, para proposições e para a criatividade das pessoas é fundamental, mas é preciso discernir proatividade de insubordinação ou ingerência. É uma percepção difícil de ser desenvolvida porque mexe com a vaidade de quem comanda e de quem quer crescer. Tudo é uma questão de bom senso e de autoconfiança.

A transparência, tão valorizada e propalada por pessoas e empresas, só pode ser verdadeiramente adotada se os procedimentos e orientações forem éticos. Quando a verdadeira motivação de uma decisão que desagrada, gera críticas e contraria interesses é claramente esclarecida, essa decisão pode passar a ser entendida como legítima, necessária e justa, o que permite que seja mais facilmente absorvida ao longo do tempo.

A falta de transparência pode seguir acobertando intenções ilegítimas por algum tempo, mas a verdade é teimosa e dificilmente aceita permanecer escondida.

Já a mentira, quando revelada, atinge a credulidade e a confiança das pessoas enganadas, percepções que dificilmente serão restauradas.

Além disso, sentir-se enganado é ofensivo, pois é como se os mentirosos subestimassem a inteligência daqueles que acreditaram na mentira.

Ordens de chefes, principalmente os que adotam condutas menos corretas e falam de maneira arrogante, não admitindo contestações e argumentos, costumam ser atendidas, mas, pelo menos a princípio, quase sempre geram mal-estar em quem precisa executar a ordem.

Imagine se todas as secretárias se negassem a mentir a pedido do chefe quando eles mandam dizer que não estão? Manteriam seus postos, seus empregos?

De uma maneira geral, as pessoas fazem o que são ordenadas a fazer quando estão submetidas a um contexto empresarial no qual existem cargos de comando desarmônicos. Executam as ordens porque não sentem liberdade para questionar. Entendem que, se a empresa confiou aquele comando a determinada pessoa, pressupõe-se que esse profissional esteja gabaritado a ordenar, e que suas ordens devem ser cumpridas.

Gerentes precisam estar conscientes da força com que suas determinações e exemplos de comportamento são encarados por suas equipes. Eles exercem o papel de autoridade legítima dentro da organização, são vistos com respeito, e todos os seus subordinados tendem a obedecer a suas ordens e a seguir seu modelo de conduta.

Se uma empresa pretende ser ética, é preciso orientar seus colaboradores sobre a necessidade de avaliar ordens consideradas antiéticas, abrindo espaço para questionamentos e denúncias.

BOAS CONDUTAS DEVEM SER PREMIADAS?

Durante anos os gerentes foram encorajados a premiar o desempenho de integrantes de suas equipes, ao mesmo tempo em que eram desencorajados a punir. O ato de punir era encarado como uma prática associada a gerentes pouco talentosos.

Todavia, apesar de simpática, essa forma de gestão de equipes não pode ser considerada quando o objetivo é encorajar o comportamento ético e desencorajar condutas antiéticas, desonestas ou reprováveis.

Nesse caso, premiar significa valorizar condutas éticas.

Não obstante, seria correto premiar relatórios honestos ou gerentes que não assediam suas secretárias? Isso parece ridículo.

Profissionais éticos não esperam ser premiados por agirem corretamente. Isso faz parte de sua conduta, independente de outros interesses. Então, é inapropriado premiar comportamentos éticos.

Por outro lado, se a avaliação do comportamento ético constar dos questionários de avaliação 360º adotada por muitas corporações, em que cada empregado é avaliado por seus subordinados, pares e superiores com o objetivo de identificar seus pontos fortes e suas deficiências, a conduta ética pode passar a ser uma importante fonte de valorização profissional. Tudo vai depender do peso que a empresa está destinando à integridade de caráter de seus colaboradores.

O Banco Itaú criou um nome muito interessante para a avaliação 360°: "Fale Francamente". As perguntas apresentadas estimulam os empregados a avaliarem a conduta ética de seus superiores, assim como a figura do Ombudsman é divulgada como sendo o canal disponível para receber todo tipo de reclamação, crítica, sugestões ou denúncia, passando a ideia de um canal para livre expressão.

Entretanto, esse programa recebeu críticas contundentes de bancários que se sentiram ameaçados por terem emitido críticas aos seus respectivos gestores, ou que não responderam à pesquisa, conforme publicado no site do Sindicato dos Bancários de São Paulo, em 27 de maio de 2015.

O banco não informa sobre as ações corretivas adotadas com os gestores que não foram bem avaliados. A informação serve apenas para que o gestor saiba como ele está sendo visto pela equipe. Fica evidente que falta tratar as informações obtidas para aplicar ações de aperfeiçoamento e uma política de consequências adequada e eficiente.

O que acontece no Itaú vem acontecendo também em muitas empresas que usam a avaliação 360°. A divulgação do resultado é realizada para os gestores, mas, de uma maneira geral, ainda não é possível afirmar que essas informações interfiram na manutenção ou seleção de executivos. Não fica transparente para os empregados se a opinião da equipe está realmente sendo considerada na avaliação de desempenho do chefe ou se apenas está posicionando os gestores sobre seus pontos fortes e fracos. Também não transparece para a equipe a preocupação da empresa em buscar minimizar os pontos fracos por meio de ações de desenvolvimento de lideranças.

Se a gestão de pessoas valoriza mais os resultados apresentados do que a conduta adotada para obter aqueles resultados, ela não pode esperar que seus representantes adotem uma conduta ilibada. Como exigir comportamento ético e, ao mesmo tempo, premiar ou promover empregados que descuidam da ética para cumprir metas, objetivos, prazos, galgar posições, apresentar e implantar projetos ou outros resultados desejados?

Se a empresa valoriza a integridade de seus profissionais, precisa considerar essa característica na avaliação dos resultados apresentados. Só assim a empresa estará sinalizando que honestidade, transparência e ética são qualidades importantes.

Segundo o pesquisador norte-americano Howard Gardner, autor da Teoria das Inteligências Múltiplas, ainda no século XXI, a ética vai valer mais que o conhecimento.

CANAL DE DENÚNCIAS

Conforme orientam Linda K. Treviño e Katherine A. Nelson no livro *Managing Business Ethics — Straight talk about how to do it right* (Gerenciando Ética nos Negócios — Uma conversa franca sobre como fazer a coisa certa, em tradução livre) no qual muitos dos conceitos apresentados neste capítulo estão embasados, organizações com forte cultura ética serão aquelas em que os empregados sentem-se livres para falar abertamente sobre questões éticas, questionar autoridades e relatar suas preocupações. Para isso, é fundamental que os gestores sejam acessíveis e estejam disponíveis para escutar seu pessoal.

Este pode ser o fator mais importante para que uma organização obtenha sucesso no processo de desenvolvimento da consciência ética.

A criação de um ambiente onde a franqueza esteja presente nas relações de trabalho e as pessoas sintam que podem emitir suas opiniões, suas ideias e seus pensamentos abertamente exige que todos tenham facilidade de acesso não apenas aos gerentes e demais superiores hierárquicos, como também a um canal de denúncias no qual possam registrar ocorrências, discutir conceitos e tirar dúvidas.

Embora a maioria das empresas encoraje seus empregados a levar suas opiniões ao conhecimento da chefia imediata, muitos desejam discutir questões anonimamente, ou querem falar de suas preocupações sobre o comportamento do próprio chefe.

Por causa disso, os canais de denúncia formais foram criados.

Ao criar um canal de denúncias, a empresa precisa dedicar especial atenção a três detalhes fundamentais:

1. Despertar a confiança na integridade do canal, garantindo que os denunciantes poderão permanecer não identificados;

2. Desenvolver a consciência sobre o dever de denunciar ocorrências de condutas antiéticas;
3. Deixar claro que o canal deverá ser usado com ética, ou seja, denúncias comprovadamente falsas e claramente mal-intencionadas serão punidas.

Existem várias formas de se disponibilizar um canal de denúncias, que podem variar conforme o tamanho da empresa, a capacidade de investimento, o nível de informatização, o grau de escolaridade e o volume e o tipo de denúncias esperados.

Muitas optaram pela criação de uma central telefônica na qual os empregados podem pedir ajuda na solução de um dilema ético ou efetivamente apresentar denúncia de uma atividade ou de um comportamento antiético percebido dentro da empresa.

É fundamental que o sistema de denúncia, seja ele qual for, não permita a identificação do número ou localização da chamada, a menos que o denunciante informe.

O ideal é que essas manifestações sejam direcionadas à área de gestão da ética, caso ela exista, ou à ouvidoria interna ou ainda à área de auditoria/*compliance*. Dependendo das características e do tamanho da empresa, esse escritório de ética pode ser centralizado ou possuir representações em diferentes locais.

Algumas empresas terceirizaram esse serviço para consultorias. Todavia, existe uma diferença significativa entre a força de uma conversa com um especialista em ética da própria empresa, em que perguntas importantes podem ser apresentadas, e a mera transcrição da denúncia para um relatório feito por um atendente menos preparado. Em uma conversa direta, é possível perceber o tom, obter mais detalhes e enxergar outras perspectivas.

Tipos de canais possíveis:

1. Linha telefônica exclusiva — um número 0800 centralizado, preferencialmente destinado à área responsável pela condução da ética empresarial;
2. Chat, site na internet ou intranet — dedicado exclusivamente ao registro de ocorrências, com ou sem identificação do denunciante.

Essa solução apresenta a vantagem de possibilitar maior controle quanto a prazos de resposta e soluções;
3. Ouvidoria interna ou de gestão da ética — denúncias feitas pessoalmente;
4. Caixa postal eletrônica e física — denúncias são registradas por e-mails e cartas, anônimas ou não;
5. WhatsApp, Messenger ou outros aplicativos semelhantes.

Outro canal que não deve ser ignorado é o canal informal de comunicação presente em todas as empresas. Juntamente com os canais formais, a conversa natural entre os empregados, em que tudo se comenta, é o canal no qual todos ficam sabendo "aquilo que realmente está acontecendo".

Segundo Treviño e Nelson, surpreendentemente, conforme pesquisa aplicada por elas, 70% a 90% das conversas de corredor são procedentes.

É na conversa durante o cafezinho ou o almoço, contínua e permanentemente, que os empregados falam sobre a empresa, sobre seus chefes e sobre os processos que estão sob sua responsabilidade.

Um exemplo: uma empresa estabelece regras para a contenção de gastos com eventos corporativos, festas e premiações, com orientações amplamente divulgadas em instrumentos normativos. Nesta mesma empresa, um dos dirigentes adota a rotina de promover reuniões com seus principais executivos de todo o país em hotéis de luxo, o que implica em altas despesas com deslocamentos, hospedagem, alimentação, material customizado como pastas, camisetas, canetas etc. Em alguns desses eventos um artista famoso é contratado para o show de encerramento. Evidentemente que os pagamentos dessas despesas serão realizados com base em faturas detalhadas que serão processadas pelo pessoal do financeiro. Eles, provavelmente, vão comentar sobre este assunto enfatizando que a prática daquela área não está de acordo com as orientações vigentes. Um dirigente desrespeita orientações para a contenção de gastos e nada acontece com ele. Como resultado natural, a cultura da conduta ética na empresa pode ser questionada porque a prática não está alinhada ao discurso, o que compromete a credibilidade como um todo.

Não é uma questão de desvio de recursos. Reuniões assim acontecem frequentemente nas melhores empresas e nada existe de antiético nisso. A questão é quando um dirigente desrespeita orientações emitidas pela própria direção da empresa.

Seja qual for o canal de denúncia, ele deve estar disponível durante todo o horário de funcionamento da empresa. Empresas multinacionais, que convivem com a diferença de fusos horários, ou que trabalham com equipes em diferentes turnos, costumam disponibilizar o serviço por mais tempo para poder atender a todos.

Empresas que já disponibilizam canais de denúncia registram que a maior incidência de contatos é a de pessoas que desejam apenas tirar dúvidas, como: "Eu quero fazer assim... Isso está certo? Está de acordo com o que estabelece o código de ética?" A maioria das questões apresentadas refere-se a recursos humanos. Ocasionalmente surge algum registro de problema mais grave.

Ainda segundo Treviño e Nelson, nas empresas que já dispõem de um canal de denúncias e que foram por elas entrevistadas, a maioria dos registros são de questões verdadeiras, embora nem sempre a motivação do denunciante seja nobre. Elas afirmam que 90% das questões são relacionadas a RH — o que alimenta dados que permitem maior controle da conduta ética das pessoas. Os 10% restantes envolvem assuntos de grande interesse para a empresa.

Uma das maiores preocupações que precisa ser tratada com muito cuidado diz respeito à identificação de denúncias falsas. Por isso as denúncias devem ser adequadamente apuradas e, quando percebidas como falsas, caso seja possível identificar o denunciante, uma punição deve ser coerentemente aplicada.

Outro aspecto a ser considerado é que o aumento expressivo do número de ocorrências não deve ser interpretado como negativo. Quanto mais a empresa estimula e facilita o acesso a canais de denúncia, mais pessoas buscam informação ou tomam consciência de seu papel fiscalizador.

Existe um oceano de ocorrências ainda vistas por muitos como rotineiras e aceitáveis que, na verdade, quando analisadas com mais cuidado, percebe-se que contrariam valores éticos. Conforme aumenta o nível de consciência ética, aumenta também a capacidade crítica de todos. Com as ocorrências registradas e penalidades aplicadas, a tendência é que haja redução na incidência de questões menos relevantes, ainda que importantes para a queda do custo invisível das empresas.

O aumento da procura por esclarecimentos sobre comportamento ético está intrinsecamente relacionado à confiança dos empregados na eficiência dos controles e da comissão de ética. Da mesma forma, a certeza da não identificação do denunciante é fato preponderante para estimular a participação de todos no trabalho de fiscalizar a conduta dos colegas.

Um bom exemplo da importância que a credibilidade representa para um canal de denúncias é a constatação do formidável aumento no número de ligações para o "Disque Denúncia". Os milhares de denúncias viabilizaram a elucidação de crimes, descoberta de esconderijos de bandidos, armas, munição e toneladas de drogas.

Um executivo boa pinta de uma grande empresa, mesmo sendo casado, fez correr a informação de que estava tendo um caso amoroso com a presidente da empresa. Sempre que possível, procurava se comportar de forma a demonstrar uma intimidade maior com ela, enlaçando sua cintura ou apoiando uma das mãos em seus joelhos enquanto conversavam.

Na condição de amante da presidente, ele se dava o direito de tomar decisões que iam além de sua alçada, dando ordens a pares hierárquicos e adotando uma postura bastante arrogante. Também usava esse poder para prejudicar as pessoas que não faziam parte do seu círculo de amizades, para promover seus protegidos e se beneficiar e controlar melhor a condução dos trabalhos.

Finalmente, alguém resolveu denunciar a conduta desse dirigente para a presidente por meio de uma carta anônima.

Que fique claro que a opção de se envolver em uma relação amorosa com um ou uma colega de trabalho comprometido(a) é um caminho que apresenta riscos imprevisíveis, tanto para a vida pessoal como para a reputação profissional, sendo evidentemente uma atitude inapropriada. Por outro lado, não é ético julgar atitudes alheias porque, sem conhecer detalhes e razões, é grande a chance de condenar alguém injustamente. A presidente era solteira, e não cabe julgar o tipo de escolha que ela estaria fazendo.

Neste caso em particular, a falta de ética estava em alguém usar de uma suposta relação amorosa para ganhar poder e tirar proveito da situação.

A primeira reação da presidente foi duvidar do teor da carta, mas depois, alertada por uma assessora próxima, entendeu que deveria observar o comportamento do executivo com mais atenção.

O fato é que ele, desmascarado, precisou mudar a postura, perdeu boa parte do poder autoconcedido e, algum tempo depois, foi rebaixado para um cargo menos expressivo.

COLABORAÇÃO PREMIADA

A colaboração premiada é uma técnica de obtenção de informações consistentes para a investigação de ocorrências que beneficia aquele que confessar e prestar informações úteis ao esclarecimento de fato delituoso.

Mais conhecida em português como "delação premiada", esta prática pode ser traduzida como *plea bargain* em inglês. Essa técnica de investigação ganhou notoriedade ao ser usada pelo magistrado italiano Giovanni Falcone para desmantelar a *Cosa Nostra*.

No Brasil, todos acompanharam a transformação nas apurações de crimes "do colarinho branco" proporcionada pela Lei de Organizações Criminosas (Lei 12.850/2013). Crimes de corrupção, fraudes, lavagem de dinheiro, formação de quadrilha, entre outros, começaram a ser denunciados em escala surpreendente.

Grandes empresários, políticos de todos os níveis, agentes públicos e muitos executivos foram denunciados por práticas criminosas relacionadas ao exercício de suas funções profissionais.

Depois da criação dessa lei, o Brasil entrou em um processo de limpeza ética que merece a admiração da comunidade internacional e que ocasionou, inclusive, o impeachment da ex-presidente Dilma Roussef, em 2016.

A Lei brasileira define que, para aquele que contribuir efetiva e voluntariamente com a investigação ou processo, o juiz poderá conceder benefícios. Para que um réu se torne um delator e goze dos benefícios que a lei oferece, o primeiro passo é manifestar oficialmente o interesse em fazer o acordo.

Segundo essa legislação, a colaboração deve resultar em pelo menos um desses aspectos:

- ▶ Identificação de outros autores do crime ou membros da organização criminosa;
- ▶ Revelação da estrutura hierárquica da organização criminosa;

- ▶ Prevenção de infrações penais decorrentes da atividade criminosa;
- ▶ Recuperação parcial ou total dos produtos das infrações;
- ▶ Localização de vítima com integridade física preservada.

A delação premiada pode beneficiar o acusado com:

- ▶ Diminuição da pena de 1/3 a 2/3;
- ▶ Cumprimento da pena em regime semiaberto;
- ▶ Extinção da pena;
- ▶ Perdão judicial.

E o que a lei da delação premiada tem a ver com o desenvolvimento da consciência ética na empresa?

Essa resposta vai depender da decisão de cada empresa quanto a ser ou não apropriado estimular a denúncia de condutas antiéticas praticadas por seus colaboradores.

É inegável que a colaboração premiada é uma poderosa ferramenta para identificar práticas criminosas. Apesar dos questionamentos quanto à ética dessa forma de condução de controles e apuração, a possibilidade de redução de pena, e até de perdão, é um eficaz estímulo à confissão de práticas criminosas.

Nas empresas, a colaboração premiada não precisaria obrigatoriamente ser realizada por um dos envolvidos no malfeito com o objetivo de se livrar da punição. A intenção é estimular pessoas que optam por não denunciar condutas consideradas antiéticas porque não estão sendo atingidas diretamente, e por isso preferem manter-se em silêncio.

No ambiente empresarial, os atos cometidos podem não ser considerados criminosos sob o aspecto legal, mas as consequências de condutas como assédio moral, assédio sexual e outros excessos cometidos por detentores de cargos de comando podem causar danos psicológicos irreparáveis às pessoas envolvidas e até mesmo prejuízos financeiros à empresa, devido à perda de produtividade e/ou criatividade.

Algumas empresas, em especial aquelas que operam no mercado financeiro, estão mais sujeitas a fraudes que só podem ser mais rapidamente descobertas se forem denunciadas, e por isso operam com um risco maior de perdas de alto volume.

Esquemas para driblar controles e obter ganhos financeiros relevantes acontecem com frequência impressionante. Bancos, administradoras de cartões de crédito, financeiras e seguradoras travam verdadeiras guerras contra estratagemas de hackers e quadrilhas cada vez mais sofisticados, principalmente os que envolvem a área de tecnologia. E guerra não é um termo exagerado, é o mocinho (empresa) correndo permanentemente atrás do ladrão, porque quando um método é descoberto e neutralizado vários outros estão sendo criados e aplicados.

A solução para fraudes tecnológicas costuma criar mecanismos de proteção nos sistemas, mas esses mecanismos dificilmente identificam os autores que, em muitos casos, possuem braços que atuam dentro da empresa. Fechado um acesso e um formato de fraude, provavelmente em pouco tempo esses mesmos autores descobrirão novas brechas e voltarão a atuar.

Diante dessa realidade, a criação de um programa de estímulo à delação, se corretamente aplicado, pode ajudar bastante a esclarecer fraudes e reduzir prejuízos.

A Professora Maria Cecília Coutinho de Arruda, autora do prefácio deste livro, afirma que:

"(...) acredito, sim, no processo e colaboração premiada. Ele deve vir com um sério processo investigatório, acompanhado pelo Departamento de Ética, pelo Jurídico, pelos Recursos Humanos, pelos demais membros da Diretoria e do gestor direto. Os colaboradores devem compreender que o código de ética da empresa e os Códigos do país (penal, civil etc.) são instrumentos sérios e que se espera sejam cumpridos em todas as ações dos colaboradores e/ou proprietários. A punição deve ser proporcional, deve representar sacrifícios, não deve ser simbólica".

Cabe a cada empresa, conforme o ramo de atuação, definir se esse caminho é adequado e quem poderá ser beneficiado. A Lei prevê que só os réus podem usufruir dos benefícios da delação, mas, no ambiente empresarial, o estímulo à denúncia pode também premiar um mero observador ou um elemento que participava do esquema e que por medo, arrependimento ou outra razão qualquer decide denunciar o modelo da fraude e os demais envolvidos.

Um mero observador pode, por exemplo, perceber que um colega apresenta um padrão de consumo muito acima do que seu salário poderia proporcionar ou desconfiar de atitudes suspeitas que, quando investigadas por pessoas com conhecimento técnico mais apurado, podem levar a descobrir desvios relevantes.

André era gerente adjunto de uma agência bancária e sentia sincera admiração pelo chefe, gerente geral da agência que havia reconhecido seu talento e oferecido a promoção. Alguns anos depois, provavelmente por causa de dívidas oriundas de jogos de azar, o gerente geral entrou em crise financeira e passou a realizar operações fraudulentas. André ficou assustado quando percebeu as movimentações irregulares, como empréstimos/adiantamentos concedidos fora das normas, e alertou o chefe e amigo quanto ao risco daquelas operações. Para surpresa de André, o até então honesto gerente geral não tomou qualquer providência, e os problemas continuaram. Em 1994 os controles de conformidade das operações bancárias ainda eram lentos, e os desvios desse tipo podiam passar despercebidos por muito tempo.

O problema cresceu rápido e após algumas noites de sono perdidas, André resolveu denunciar o chefe. Mas naquele tempo não existia ainda um canal de denúncias formal, e ele não sabia exatamente a quem procurar. Optou pela área de auditoria, que tomou providências. No entanto, André recebeu a antipatia de outros gerentes gerais da cidade e, mesmo com a comprovação das irregularidades apontadas por ele, sua carreira foi prejudicada pela imagem de traidor criada a seu respeito.

Essa cultura precisa mudar urgentemente!

A premiação de denúncias realizadas por pessoas não envolvidas na ocorrência é algo que merece atenção e também deve ser avaliada.

Quantos desvios permanecem encobertos por causa do medo que os possíveis denunciantes têm das possíveis consequências?

Denunciar é uma decisão muito difícil que exige, além de coragem, forte consciência ética, autoconfiança e disposição para defender as próprias convicções. O estímulo à delação precisa ser encarado como um caminho válido e ético. Afinal, o que não é ético é a omissão, que produz a conivência involuntária de quem sofre com a dúvida sobre qual a atitude é a mais correta.

Para questões relacionadas à conduta de gerentes que tornam o ambiente de trabalho tóxico, uma colaboração premiada pode viabilizar a utilização de mecanismos para a obtenção de provas, como câmeras e escutas nos locais onde as atitudes costumam acontecer.

Invasão de privacidade? Pode até ser, mas a prática de assédio, ofensas e grosserias é nociva demais para ser relevada e não inibida ou punida.

Evidentemente que, para adotar um programa de incentivo à delação de irregularidades e condutas antiéticas, a empresa precisa obrigatoriamente criar primeiro procedimentos de apuração justos e consistentes, reunindo provas e/ou evidências.

É fundamental que nenhuma denúncia seja premiada antes de ser devidamente comprovada.

Como premiação à delação, conforme a gravidade e o volume de recursos envolvidos, os seguintes exemplos de benefícios podem ser avaliados e negociados, cumulativamente ou não:

- ▶ Não demissão;
- ▶ Demissão sem justa causa;
- ▶ Não realização de queixa-crime em órgãos policiais ou judiciais;
- ▶ Negociação do valor a ser devolvido à empresa;
- ▶ Confidencialidade quanto aos fatos e demais pessoas envolvidas;
- ▶ Garantia de ações para a manutenção da segurança pessoal do delator e de sua família;
- ▶ Transferência para outra cidade/estado/país;
- ▶ Perdão.

Como recompensa a denúncias que resultam na identificação de condutas antiéticas, sejam elas criminosas ou não, e conforme a gravidade e o volume de recursos envolvidos, os seguintes exemplos de benefícios podem ser avaliados e negociados, cumulativamente ou não:

- ▶ Acordo de confidencialidade;
- ▶ Transferência incentivada de cidade/estado/país com benefícios extras;
- ▶ Acordo estabelecendo medidas para a proteção contra possíveis retaliações;

- ▶ Garantia de ações para a manutenção da segurança pessoal do denunciante e de sua família;
- ▶ Recompensa monetária ou viagens patrocinadas;
- ▶ Concessão de bolsa de estudo para o trabalhador ou membro de sua família;
- ▶ Cursos no exterior;
- ▶ Férias extraordinárias.

Os exemplos citados são meras sugestões, pois cada empresa tem suas respectivas características, tanto de negócios como de disponibilidade financeira.

No que se refere a denúncias de questões relacionadas a condutas antiéticas e/ou criminosas, há que se considerar que cada caso é um caso único e os benefícios devem variar conforme o perfil das ocorrências e do delator/denunciante.

APURAÇÃO DAS DENÚNCIAS

As informações a seguir foram extraídas do artigo de Cassiano Machado, *Boas práticas na apuração de denúncias: por onde começar e para onde evoluir?*, publicado no blog do site www.canaldedenuncias.com.br, da empresa ICTS Outsourcing, em 12 de abril de 2017:

> Graças à evolução tecnológica, ficou mais fácil apurar casos envolvendo desvios de conduta ética nas organizações. As relações profissionais no dia a dia do exercício das atividades devem ser baseadas em valores sólidos. Entretanto, infelizmente, isso não ocorre em 100% dos casos e, seja na esfera pública seja na privada, o que se vê são inúmeros casos de corrupção, assédio, enriquecimento ilícito e diversas ações imorais.
>
> **Canal de denúncias**
> O sucesso na etapa de apuração depende do canal de denúncias.
>
> Por mais que as lideranças tentem acompanhar de perto o trabalho de suas equipes, é muito difícil saber de tudo o que ocorre na rotina diária da organização — nem todos os funcionários seguem os padrões de conduta ética esperados pela empresa.

Um bom canal é o primeiro passo para que a função de apuração de denúncias seja efetiva. A captura de fatos e dados essenciais, construindo um entendimento sobre o denunciante e o contexto denunciado é importante para a correta categorização e triagem das denúncias, conforme o tema e nível de gravidade. Tudo feito de forma segura e sigilosa para o delator, sem riscos de retaliação.

Estrutura de apuração
As características organizacionais e o porte da empresa influenciam diretamente o desenho da estrutura de apuração de denúncias.

A equipe de apuração deve ser estabelecida nas áreas que lidam com riscos na organização, como *Compliance*, Auditoria Interna, Gestão de Riscos ou o Jurídico. Mesmo em organizações enxutas, é essencial que ao menos 2 pessoas componham a equipe de apuração, evitando-se gargalos e potenciais conflitos de interesses. Dependendo do volume de denúncias, essa atividade será conduzida em tempo parcial pelos envolvidos.

Caberá à equipe de apuração receber as denúncias processadas pelo canal e direcionar o planejamento e execução das atividades de apuração necessárias, envolvendo outras pessoas da organização e até mesmo contratando serviços especializados de investigação quando houver necessidade. Ela deve gozar de autonomia para conduzir tais atividades, mas sempre se apoiará no Comitê de Ética para a orientação e deliberação, e o efetivo exercício da política de consequência.

Tecnologias e análise de dados
As empresas possuem muitas informações disponíveis em formato digital: controles de acesso físico e lógico, comunicação corporativa (e-mails e mensagens instantâneas), imagens, bases cadastrais, transações financeiras e muito mais.

É fundamental que a equipe de apuração utilize tais dados conforme as exigências dos processos investigativos que desenvolvem. Com base nisso, poderão acelerar o entendimento sobre as denúncias, confirmando ou refutando as alegações, e municiando-se de evidências, inclusive com validade jurídica.

Essa tecnologia pode e deve ser utilizada de forma contínua e ativa, estabelecendo um círculo de proteção e controle sobre processos e/ou grupos de pessoas que possuem maior exposição aos riscos.

Quando Sandra começou a trabalhar como gerente na joalheria, Selma já ocupava o cargo de supervisora das lojas e era responsável por controlar e coordenar o trabalho das equipes de gerentes e vendedores de todas as lojas do grupo.

Sandra foi convidada para ocupar o cargo de gerente pelo dono da joalheria, que já conhecia a qualidade do seu trabalho como vendedora em outra loja do grupo. Sua simpatia e dedicação contribuíram para que a loja logo apresentasse aumento no volume de vendas. Assim, o desempenho de Sandra chamou a atenção da supervisora Selma não apenas pelos resultados alcançados, mas também porque Sandra passou a representar uma ameaça na condição de possível futura supervisora.

Algum tempo depois, ao fazer o levantamento do estoque "frio", Sandra percebeu que havia diferenças no controle. Algumas joias não estavam sendo encontradas, e Sandra, imediatamente, comunicou o fato ao patrão.

Ele questionou Selma sobre essa diferença, e ela naturalmente sugeriu que alguém poderia estar roubando as peças. Apesar de Sandra ter feito a denúncia, a supervisora levantou suspeita quanto à conduta da nova gerente, argumentando que ela havia sido contratada há menos tempo, e que antes da sua chegada não havia sido registrada qualquer diferença no estoque. Segundo as conclusões da supervisora, Sandra poderia ter feito a denúncia com o objetivo de disfarçar o roubo das joias.

Novos levantamentos apontaram novas diferenças, igualmente comunicados por Sandra ao dono das lojas. Quando percebeu que ele estava desconfiando de sua idoneidade, Sandra pediu demissão.

Menos de um ano depois a ex-supervisora Selma abriu uma pequena joalheria numa cidade do interior do estado do Rio de Janeiro.

Independentemente do fato de estarmos tratando de uma empresa que operava sem ética, afinal comercializava joias adquiridas sem registro, e portanto não recolhia impostos sobre as vendas realizadas, o que a fez falir foi a pouca importância que o dono dedicou para apurar o que realmente estava acontecendo. Quem estava responsável pelo controle de estoque antes da chegada de Sandra? Será que diferenças no estoque não estariam acontecendo também nas demais lojas sem que ele fosse informado pelos gerentes?

Mais uma vez vale a compreensão de que o ato de denunciar exige coragem, e o comodismo, no curto prazo, é mais vantajoso, porque evita aborrecimentos e confrontos. Ainda mais delicado quando o autor do ilícito é o chefe imediato e quando a manutenção do emprego representa o sustento de toda uma família.

Sandra denunciou não só por ser uma pessoa com boa formação ética, mas também porque tinha nível de educação acima da média dos demais e respaldo familiar que assegurava sua sobrevivência caso perdesse seu emprego. Além disso, havia uma relação de amizade entre sua família e o dono das lojas. Ainda assim, estranhamente, ele preferiu acreditar tão cegamente na palavra de sua supervisora, que optou por não aprofundar a investigação e aceitar a demissão de Sandra, autora das denúncias e que, portanto, possibilitou a descoberta das diferenças de estoque existentes na loja.

Quantos empregados de confiança já traíram e provocaram a falência de seus patrões?

Em contrapartida, mesmo quando os auditores seguem o caminho adequado na apuração e comprovação da verdade, ainda é comum que ocupantes de funções de alta gerência fiquem mais preocupados em identificar o denunciante do que punir o denunciado. Trata-se de uma clara distorção de foco que ocorre regularmente em empresas que não cuidam da conduta ética de seus colaboradores e nem mesmo de seus dirigentes.

O simples esforço em tentar identificar o denunciante de uma ocorrência, ainda mais quando já constatada como verdadeira, já deveria ser motivo de censura. Se a empresa oferece o anonimato a quem denuncia casos de conduta antiética, como assédio moral ou sexual, precisa garantir a manutenção do sigilo e inibir qualquer iniciativa para descobrir quem registrou a denúncia.

Nas grandes corporações, a apuração de denúncias exige um trabalho cuidadoso, altamente profissional, e que deve ser executado como uma verdadeira investigação policial.

Apurar fatos, juntando provas e evidências, é atividade prevista na Doutrina de Apuração de Responsabilidade, um princípio fundamental do Direito, devido à sua importância na busca da aplicação da justiça.

As áreas Jurídica e de Auditoria têm expertise para adotar as providências necessárias para apurar denúncias e apontar suspeitos.

Como regra geral, é preciso que os processos de apuração de denúncias sigam algumas orientações:

1. **Imparcialidade** — as apurações devem ser conduzidas por pessoas que não possuem qualquer grau de relacionamento com os envolvidos;
2. **Confidencialidade** — quanto menos pessoas participarem das apurações, menor será o risco de vazamento de informações;
3. **Metodologia adequada** — o responsável pela condução da apuração deve possuir o conhecimento e as ferramentas necessárias para a realização das atividades ou buscar especialistas para as questões sobre as quais não tenha pleno domínio;
4. **Amparo legal** — um advogado deverá participar da investigação para assegurar o respeito às leis na condução da apuração;
5. **Definição e priorização de objetivos** — as ações devem ser direcionadas à identificação de provas esclarecedoras, tanto para culpar como para inocentar um suspeito. Se a recuperação de prejuízos for o objetivo principal, há que se estudar a possibilidade de acordos financeiros diretamente com os envolvidos.

Evidentemente, apurar denúncias, identificar autores, juntar provas físicas ou circunstanciais e aplicar punições provocam desgaste nos relacionamentos e no ambiente de trabalho. Muitas vezes, haverá a necessidade de ouvir testemunhas que podem sentir desconforto para acusar algum colega, mesmo sabendo que ele não agiu de forma correta.

Entretanto, pior do que esse desgaste é a falta de iniciativa no sentido de buscar a verdade e punir eventuais culpados.

Fundamental que seja respeitado o preceito de conceder total direito de defesa ao suspeito/acusado.

Considerando as inúmeras variáveis contidas nesse assunto, que envolve aplicação de técnicas dominadas por profissionais especializados, não cabe aqui detalhar os caminhos a serem seguidos numa apuração administrativa. Até porque, em cada tipo de negócio, existem diferentes formas de operacionalização e controle, que também variam de empresa para empresa. Os sistemas de segurança existentes influenciam nas ocorrências possíveis e dão origem a diferentes formas de apuração.

A maioria das grandes empresas já possui rotinas estabelecidas para o desenvolvimento de processos de investigação e tem áreas especializadas para esse serviço.

Nas médias e pequenas empresas, pode caber ao próprio dono a responsabilidade pela apuração, que, caso necessário, não deve deixar de procurar auxílio de profissionais especializados para obter um diagnóstico, não apenas de uma ocorrência, mas das medidas de segurança necessárias para prevenir novas e diferentes ações de roubo, fraude, desvios e manipulações de informações.

É um trabalho que precisa ser conduzido com extremo cuidado porque, caso não fique claramente comprovado, é melhor que não haja demissão por justa causa da pessoa suspeita, ou seja, é melhor demitir sem a alegação de cometimento de crime, a fim de prevenir ações judiciais e/ou trabalhistas futuras, evitando indenizações de alto valor.

CONTROLES INTERNOS

Esta é mais uma área da empresa que exige conhecimento técnico específico e já desenvolvido por profissionais de auditoria/*compliance*, segurança e sistemas.

Cabe destacar apenas o aspecto da importância da atuação conjunta entre essas áreas e os profissionais responsáveis pela ética empresarial no sentido de criar cada vez mais mecanismos de prevenção.

Empresas adotam procedimentos para corrigir erros gerados na entrada de dados equivocada, o que é válido. Todavia, essa prática deveria estar associada ao acompanhamento das inconsistências mais comuns e da quantidade de infrações praticadas por cada empregado, a fim de permitir a adoção de ações educadoras que possibilitem a redução desses erros. Eliminar retrabalho poupa recursos e evita desgastes com os clientes, além de reduzir desperdícios com os custos da logística de entrega de mercadorias, falhas nos contatos com clientes e erros na identificação e entrega de produtos.

Desenvolver e manter controles adequados permite identificar onde/como/quando ocorre maior incidência de erros na entrada de dados dos sistemas. A análise dessas informações fornece *input* para que as equipes de tecnologia criem novas formas de monitoramento, melhorando continuamente a qualidade dos serviços que necessitam de informações corretas e seguras.

Pode parecer que o conteúdo deste capítulo seja óbvio, mas por que será que tantas grandes empresas não possuem sistemas ou rotinas de controle adequados? Por que é tão comum a convivência com altos volumes de retrabalho causados por falhas de controle, ausência de acompanhamento ou de iniciativa para solucionar um problema técnico, mecânico ou devido à falta de treinamento?

Há ainda outro importante ponto de atuação para evitar condutas antiéticas: avaliar, sob o aspecto da ética, os critérios estabelecidos na criação e apuração de campanhas de vendas.

Importante lembrar sempre: pessoas fazem aquilo que lhes é comunicado que será premiado.

O sistema de premiação é, indiscutivelmente, uma das mais importantes formas de influenciar o comportamento das pessoas no trabalho.

Numa organização, como na vida, as pessoas procuram informações não explícitas sobre os comportamentos que são recompensados e aqueles que são punidos. Elas procuram por pistas, e, quanto mais ambíguo for o ambiente, maior será a predisposição para observar os resultados dos comportamentos alheios. Elas vão dar o seu melhor para conquistar a confiança e a simpatia do chefe, vão tentar aparecer, e muitos terão prazer em apontar as falhas e deficiências dos colegas.

Campanhas de vendas que premiam os que alcançam resultados preestabelecidos dentro de um prazo determinado são ótimas oportunidades para aparecer, mostrar eficiência e alcançar promoções para cargos melhores.

Claro que, dificilmente, um profissional alcança grandes resultados sem esforço, dedicação e estratégia. O problema a ser contornado é: como incentivar a adoção de estratégias de atuação compatíveis com a ética e inibir aquelas que tangenciam a correção na abordagem para a venda?

Por isso, incentivar o alcance de metas e objetivos pode também incentivar que profissionais menos conscientes desprezem a correção de suas atitudes.

Premiações são ótimas para incentivar gerentes porque eles trabalham muito bem para motivar suas equipes a alcançar objetivos, mas gerentes podem falhar no reconhecimento de sua habilidade para motivar comportamentos antiéticos.

O exemplo utilizado por Treviño e Nelson é bastante elucidativo: "Lojas costumam pagar comissões a seus vendedores. Muitas registram na carteira de trabalho apenas o salário mínimo e complementam o salário com comissões sobre cada produto vendido. Essas mesmas lojas anunciam na mídia produtos em promoção. Por causa da pequena margem de lucro desses produtos, a comissão na venda também é menor do que a dos produtos oferecidos pelos preços normais. Ou seja, a loja prefere vender os produtos mais caros e para isso recompensa melhor seus vendedores pela venda desses produtos, mas anuncia os produtos mais baratos a fim de trazer o consumidor até a loja.

Se acrescentarmos a essa receita um baixo investimento no treinamento do pessoal de venda, além da alta rotatividade no setor, está construído o cenário favorável a atitudes que tendem a prejudicar o cliente. Com base na promoção anunciada, a pessoa vai à loja em busca do produto mais barato, mas acaba levando o produto mais caro porque o vendedor se apressa em alertar para determinadas características que o produto em promoção não apresenta, enquanto que o produto mais caro oferece vantagens que o consumidor sequer sente necessidade."

De acordo com a Lei de Defesa do Consumidor, esse cliente pode, mais tarde, declarar-se arrependido da compra e devolver o produto.

Enquanto isso, os gerentes da área comercial não se preocupam em saber como as vendas estão sendo feitas nem acompanham o volume de devoluções, reclamações ou ações na Justiça; afinal, eles ganham comissão sobre a venda de toda a loja.

Explorando um pouco mais esse sistema de vendas tão utilizado em lojas de varejo, podemos imaginar que esse vendedor será estimulado a continuar aplicando sua estratégia porque, além do estímulo financeiro, ele recebe elogios do gerente. O comportamento adotado se mostra então justificável e baseado em aspectos racionais. Em nenhum momento ele se questiona sobre a situação econômica do cliente, que pode ter comprado um produto mais caro, com funcionalidades que ele não vai usar e com o dinheiro que ele não teria disponível para esse fim e que pode faltar para outras coisas bem mais importantes. Continuando nessa linha, esse vendedor pode começar a agir proativamente e passar a manipular a exposição do produto em promoção para desestimular sua compra. Caso o produto seja uma televisão, ele pode ajustar a imagem de modo a parecer menos nítida do que a imagem das TV's mais caras.

Isso pode acontecer com a venda de seguros, planos de saúde, roupas, carros e até mesmo casas e apartamentos.

Em janeiro de 2004, Mônica trabalhava como gerente geral de uma agência bancária. Ela foi procurada por um dos gerentes de sua equipe para tratar de um assunto referente a um dos maiores aplicadores da agência, um senhor muito exigente de atenção que adorava barganhar taxas. Como a aplicação dele estava para vencer, ele insistia em não pagar um imposto previsto naquela época para a reaplicação do capital, a CPMF — Contribuição Provisória sobre Movimentação Financeira. Entretanto, o banco só permitia a isenção da CPMF em conformidade com as situações previstas em lei, e não era o caso desse cliente.

Embora outros bancos sinalizassem com a possibilidade de isenção, caso em que o banco arcava com recolhimento do imposto para manter o cliente, ele preferia manter o dinheiro no banco em que Mônica trabalhava. O valor do imposto era significativo: 0,38% do valor investido. Para um investimento de 1 milhão de reais, o imposto representava uma despesa de R$3.800,00. Muitas reuniões depois, a gerente geral bateu o martelo informando que o banco não tinha como assumir o ônus daquela exigência.

A surpresa veio no dia do vencimento da aplicação, quando um gerente de outra agência do mesmo banco solicitou a transferência dos recursos desse cliente. Ao conversar com o cliente para confirmar a transação, Mônica perguntou o motivo da transferência, pois sendo do mesmo banco não poderia haver isenção da cobrança de CPMF. A resposta foi um choque: "estou transferindo porque seu colega da outra agência está isentando a cobrança do imposto".

Mais do que surpresa, Mônica telefonou para a outra agência e perguntou ao colega como ele tinha feito para conseguir esse benefício para o cliente. A resposta foi pouco convincente: "Os gerentes da nossa agência se cotizaram para pagar o imposto pelo cliente." Ninguém acreditou nessa história!

Logo em seguida, em conversa paralela, outro gerente da mesma agência que levou a aplicação negou que tivesse participado de qualquer tipo de acordo para o pagamento de imposto desse cliente.

Descobriu-se, assim, que a solução encontrada violara a lei da CPMF. A nova conta do cliente foi marcada como isenta de cobrança de imposto sem que o cliente apresentasse qualquer documentação comprovando esse direito, ou seja, o gerente fraudou as informações para inibir a cobrança do imposto. No dia seguinte à entrada do dinheiro, o mesmo gerente desmarcou a conta, fazendo com que tudo aparentasse nada mais do que um equívoco de comando se, por um improvável acaso, a fraude viesse a ser percebida no futuro.

O cliente trocou de agência, não pagou a CPMF e cometeu crime de sonegação de imposto tendo o gerente do banco como comparsa! No entanto, esse gerente fraudador e sua agência foram parabenizados pelo negócio realizado, enquanto a agência e a gerente que agiram com ética e dentro da lei, por perderem volume de depósitos, foram muito prejudicados na avaliação de desempenho em captação de recursos.

No fim daquele ano, o gerente geral da agência sem ética foi promovido a gerente regional. Nenhum dos gerentes da agência que agiu dentro da lei recebeu qualquer premiação naquele ano.

Se a forma como a venda é realizada não for considerada, acompanhada e analisada, o sistema de metas e premiação pode estar intimamente relacionado ao estímulo de condutas antiéticas.

Existe uma solução? Precisa existir!

No caso da rede de varejo, a empresa deveria premiar de forma diferenciada os vendedores com melhor desempenho na venda dos produtos anunciados, considerando esse resultado na avaliação para outras premiações e promoções. Assim, provavelmente, o boicote às vendas dos produtos em promoção seria reduzido.

No caso da CPMF fraudada, já que o delito não foi detectado pelos sistemas de controle, um canal de denúncias confiável e a consciência ética dos empregados seriam suficientes.

Existem muitas outras atitudes antiéticas normalmente praticadas nas empresas que dificilmente são punidas. O costume de depreciar o produto do concorrente no lugar de apresentar as vantagens do seu próprio produto, a invasão e o desrespeito à carreira ou área de atuação de um colega, e o hábito de mentir sobre as características de um item de consumo são algumas dessas práticas.

Práticas deselegantes e antiéticas acontecem, inclusive, nas ações de venda de grandes representantes comerciais.

É evidente que a equipe responsável pelo desenho de campanhas de vendas, seja de bancos, seguradoras ou das lojas de varejo citadas aqui como exemplo, estão focadas apenas no objetivo final – aumentar as vendas – sem se preocupar com os efeitos colaterais dessas campanhas. Os gerentes, que vivenciam de perto a atuação dos vendedores e a realidade dos pontos de venda, não costumam ter a oportunidade de participar da elaboração das regras de campanhas motivacionais. Normalmente as metas são estabelecidas para alcançar objetivos como: alavancar o volume de vendas, gerar receita, reduzir estoque ou aumentar o capital de giro, entre outros.

Com base nesses objetivos, são traçados os pontos de controle da campanha de vendas sem que haja o acompanhamento da efetividade dessas vendas, ou seja, sem que seja contabilizado o resultado das perdas mensuráveis ocasionadas por devoluções, pelo custo administrativo das desistências ou sem considerar a efetiva rentabilidade das operações (descontos desnecessários) e, ainda, o aumento no volume de reclamações. Além disso, existem as perdas não mensuráveis, como o tempo perdido pelos vendedores com vendas que provocam a insatisfação do cliente, a extensão dos estragos causados por reclamações em mídias sociais e o custo administrativo/jurídico para resolver as pendências geradas por vendas mal realizadas.

Para controlar a qualidade e a efetividade das vendas, as campanhas deveriam ser formatadas considerando também o seguinte:

1. Ouvir a opinião do pessoal de vendas;
2. Considerar e inibir comportamentos que possam estar sendo incentivados explícita ou implicitamente, conforme regras apresentadas;
3. Acompanhar os registros por vendedor sobre o número de devoluções de mercadorias, cancelamento de compras e reclamações de clientes;
4. Realizar pesquisa permanente na pós-venda sobre a satisfação do cliente, relacionando o resultado com o respectivo vendedor;

5. Valorizar o desempenho dos vendedores na venda de produtos em promoção;
6. Criar campanhas de reconhecimento/recompensa na venda dos produtos em promoção;
7. Aplicar continuamente treinamentos e debates sobre a conduta ética no trabalho;
8. Aplicar medidas restritivas para inibir a repetição de condutas antiéticas identificadas.

É importante que sejam consideradas críticas apresentadas por vendedores que relatam a má conduta por eles percebida no trabalho de colegas. Se a regra das campanhas de vendas é o estímulo à competitividade, é natural que um vendedor observe a conduta de seus concorrentes. Pessoas que se sentem prejudicadas costumam reclamar com muita facilidade, mas, geralmente, suas reclamações não são consideradas. Nesses casos, a chefia imediata precisa assumir um papel educador, observando e atuando pontualmente para verificar a procedência dos relatos e agir de forma a desestimular a continuidade do comportamento antiético.

Com a evolução da consciência ética nas empresas, acredito que a tendência é que a área de gestão da ética passe a atuar também como consultoria para futuros negócios, a exemplo do papel já exercido pelos consultores jurídicos.

EDUCANDO PARA O DESENVOLVIMENTO DA CONSCIÊNCIA ÉTICA

Educar para a ética, ou seja, elaborar um curso que ensine as pessoas a pensar sob o aspecto ético, é muito diferente de um curso de Matemática Financeira ou um treinamento para ensinar como utilizar um novo sistema ou realizar uma nova rotina.

Educar para a ética exige atuação contínua e acompanhamento responsável.

Os cursos menos criativos sobre a ética falam da origem e evolução da palavra e tratam do aspecto filosófico a respeito da definição do que é ser ético. Essa iniciação é importante, mas tenho convicção de que a teoria e a simples discussão para definir o que é ser ou não ser ético não colaboram para a mudança de comportamento das pessoas.

O estudo de casos, principalmente quando aborda situações que podem ser vivenciadas na empresa, é mais efetivo e facilita a compreensão, a identificação de dilemas éticos e o entendimento de como aplicar na prática os caminhos para a solução de alguns desses dilemas.

Em resumo, a educação para a ética precisa de alguns passos importantes, sendo que alguns exigem continuidade:

1. Informação detalhada e debate sobre o tipo de conduta que não será aceita — código de ética;
2. Cursos interativos sobre ética e o que a empresa espera de seus colaboradores;
3. Promoção de campanhas internas para a fixação dos valores éticos e demonstração da importância que a empresa atribui à conduta ética;
4. Reuniões periódicas com todas as equipes, de preferência conduzidas pelo gestor da área, a fim de analisar a conduta que deu origem a ocorrências internas ou públicas identificadas como antiéticas;
5. Atenção e controle permanentes dos exemplos de conduta disseminados pelos dirigentes, gestores, líderes, gerentes, supervisores etc.;
6. Inclusão de perguntas específicas sobre a conduta ética na pesquisa de avaliação 360°;
7. Considerar positivamente, na avaliação de desempenho dos líderes responsáveis pela seleção de pessoas, a diversidade/igualdade/equilíbrio de gênero, raça, idade e origem das pessoas de cada equipe;
8. Divulgação e aplicação de consequências e penalidades impostas a quem opta pelo desvio de conduta;
9. Acompanhamento, se possível sistemático, de pessoas identificadas como sendo mais suscetíveis a cometer atos inadequados ou que ocupam cargos com maiores oportunidades de obter vantagens ilegítimas.

Uma atividade que pode ser aplicada, dependendo do tipo de negócio desenvolvido e do tamanho da empresa, é, a exemplo do "cliente oculto", a criação de um grupo de pessoas preparadas para observar o ambiente de trabalho das diferentes unidades — o "avaliador oculto".

Convivendo informalmente com colegas de trabalho, essa pessoa estaria atenta a ouvir ou estimular conversas que permitissem a identificação ou comprovação de suspeitas de conduta antiética. O poder da informação é bastante conhecido e algumas pessoas precisam apenas de um pequeno estímulo para falar o que sabem sobre o que realmente acontece em seu ambiente de trabalho. As conversas, que normalmente acontecem dentro da própria empresa ou nas áreas de convivência, como copa, cantina, banheiros ou restaurantes, revelam muito do comportamento de pessoas que agem sem comprometimento com a ética, com a boa educação e o respeito às diferenças.

A mudança de cultura exige também uma mudança na condução não só dos negócios, mas também nos programas de incentivo às vendas, por exemplo. São surpreendentes as coisas más que pessoas boas são capazes de fazer para atender ao pedido da chefia ou para se destacar dentro da empresa. Campanhas promocionais são importantes, mas também são um canal largo, profundo e aberto para incentivar a utilização de estratégias antiéticas.

É preciso muito cuidado na avaliação dos resultados apresentados em qualquer negócio realizado, mas principalmente quando os negócios oferecem recompensas adicionais. Números brutos, sem considerar a forma como foram alcançados e o desdobramento desses negócios podem refletir um panorama falso quanto aos benefícios/efetividade/lucratividade proporcionados à empresa. Houve realmente aumento de rentabilidade? Os negócios foram consolidados ou houve aumento de devoluções/reclamações?

Números interpretados de forma incorreta ou tendenciosa influenciam negativamente no desempenho da empresa e abrem espaço para injustiças, como prejudicar empregados que seguem as regras e os valores éticos e premiar aqueles que realizaram negócios inapropriados ou seguiram caminhos incorretos.

Ser ético e seguir regras costuma dificultar o alcance de resultados aparentemente exuberantes. Empresas que valorizam e premiam resultados obtidos de forma antiética estimulam que mais pessoas passem a focar somente nos resultados, sem considerar as consequências de negócios mal feitos. E o resultado final da continuidade de negócios malfeitos é o comprometimento da saúde financeira da empresa e até sua permanência no mercado.

Se a empresa permite que sejam premiados, reconhecidos e promovidos empregados que adotam a prática de mentir, fraudar informações e desrespeitar regras e pessoas, estará estimulando os demais colaboradores a agirem da mesma maneira.

Afinal, se todo mundo faz errado e se dá bem, por que não fazer do jeito errado também? Pessoas costumam seguir as normas do grupo no qual estão inseridas.

Ações educativas para assimilação de valores éticos precisam ser contínuas e deveriam fazer parte da programação de eventos corporativos.

São comuns atividades em que as equipes são estimuladas a formatar estratégias de atuação para alcançar determinados objetivos.

Em um grande banco, como em várias grandes empresas, acontecem eventos que reúnem pessoas em um auditório. Após o café de boas-vindas, seguem-se atividades para facilitar o entrosamento e quebrar eventuais resistências. Em seguida, altos gestores fazem apresentações sobre o desempenho de suas áreas, novidades que vão contribuir para o trabalho/resultado de todos e os novos objetivos que precisam ser alcançados. A parte da tarde é dedicada ao trabalho em grupos menores, que precisam desenhar estratégias destinadas a alcançar os objetivos propostos. Depois, esses trabalhos são apresentados, discutidos e consolidados. Não raramente, antes do encerramento, um palestrante motivacional eleva a autoconfiança e a energia positiva do grupo.

A receita para reuniões que pretendem promover o desenvolvimento da consciência ética é, basicamente, a mesma. A diferença está no conteúdo e na disposição da empresa em investir na formação da cultura ética.

Da mesma maneira que equipes participam de reuniões motivacionais com o objetivo de aumentar as vendas ou melhorar os resultados/desempenho, também deveriam se reunir para avaliar casos de condutas antiéticas, principalmente aquelas relacionadas com o seu dia a dia.

Além de eventos com a participação de um maior número de pessoas, é necessário que as equipes sejam convidadas para ocasiões especiais, como um café da manhã ou da tarde, onde sejam estimuladas a discutir e debater questões relacionadas à conduta ética. Uma conversa informal na qual *cases* seriam apresentados e avaliados.

A educação para a criação da cultura ética passa, obrigatoriamente, pela repetição constante do estudo de casos e situações que obriguem as pessoas a pensar. O debate de condutas antiéticas faz com que as pessoas se sintam encorajadas a emitir suas próprias opiniões, que serão endossadas ou rejeitadas pelos demais integrantes do grupo. O hábito de analisar consequências só é estabelecido quando as pessoas têm a oportunidade de vivenciar, de alguma forma, uma situação que as faça rever seus conceitos.

Os envolvidos em cada caso não precisam ser identificados, exceto quando o ocorrido já é de conhecimento público. Aliás, não faltam exemplos de casos de comportamento antiético nos jornais diários.

Uma política de consequências adequadamente utilizada é fundamental na didática para a implantação da consciência ética. Por isso que a aplicação de multas de trânsito, por exemplo, é tão efetiva na assimilação de novos hábitos. O medo e a certeza da punição têm um enorme poder de convencimento.

O lado bom do esforço e do investimento inicial necessário para a disseminação de uma nova cultura é que, com o passar do tempo e com o despertar da consciência ética, o volume de investimentos tende a diminuir, tanto no valor como na frequência dos eventos. A tendência é que as novas gerações já comecem a entender a cultura da empresa por mera observação e convivência com os colegas com maior tempo de serviço.

"Nós somos o que fazemos repetidamente, a excelência não é um feito, e sim, um hábito."

Aristóteles

9

Empresas Globalizadas

Com o crescimento continuado das relações comerciais internacionais, muitos gestores estão enfrentando dificuldades para conviver em diferentes ambientes culturais, inclusive no que se refere aos valores éticos.

Ao mesmo tempo, a globalização faz com que cada vez mais empresas, mesmo as de pequeno porte, decidam se aventurar na busca de novos mercados do outro lado do oceano.

Se gerenciar a ética dentro de uma empresa em seu próprio país já vem sendo um grande desafio para os empresários do mundo todo, imagine quando esse desafio tem complicadores extras como implantar programas de ética em públicos de diferentes costumes e idiomas estranhos. Além das questões internas referentes a empregados de culturas diversas, é necessário enfrentar relacionamentos institucionais com governos de diferentes regimes políticos, obedecendo a leis e regulamentações locais e aprender normas de etiqueta social que não correspondem aos costumes ocidentais.

Assim, as questões éticas enfrentadas podem ser muito mais complexas e estranhas aos gestores, incluindo a necessidade de lidar com corrupção, lavagem de dinheiro, preconceitos, direitos humanos, questões ambientais e condições físicas dos postos de trabalho.

Esse assunto é extremamente complexo, não apenas pelas diferenças mais evidentes, como o nível de desenvolvimento socioeconômico de um povo, mas também pelos diferentes tipos de negócio, objetivos empresariais, quantidade de países onde a empresa opera e diversidade de idiomas, religiões, preconceito contra imigrantes, regras de convivência social, clima e costumes.

Portanto, antes de qualquer coisa, é preciso atenção cautelosa na seleção e preparação dos empregados que serão expatriados, com suas famílias, de forma a prepará-los da melhor maneira possível para enfrentar as dificuldades iniciais de adaptação.

É preciso lembrar que a adaptação do cônjuge à nova realidade é condição crítica para o bom desempenho profissional do empregado transferido.

Os incentivos financeiros costumam atrair pessoas ambiciosas, mas nem sempre preparadas para sair da comodidade de sua zona de conforto representada pela família (não apenas as pessoas que o acompanharão, mas também as que permanecerão no Brasil), pelos amigos e pelos relacionamentos profissionais já conhecidos.

O conhecimento prévio da língua e um mergulho nos costumes adotados pelo país facilitam muito a avaliação quanto à propriedade da aceitação da nova função e à adaptação propriamente dita.

Relações procedentes de negócios internacionais exigem treinamento específico quanto a questões éticas, como: reconhecer um dilema ético relacionado àquela cultura, características da forma de negociar ou como lidar com pagamentos "por fora" e propinas (em países que não deveriam sequer ser considerados como mercados interessantes, mas que ainda é uma prática adotada e aceita em muitos deles).

As leis trabalhistas locais, a forma de tratamento entre superiores hierárquicos e seus subordinados, a maneira de se dirigir a um(a) colega do sexo oposto, a forma como a homossexualidade é encarada, os quesitos relativos à segurança no trabalho, o clima frio/calor intenso, o sistema de transporte, a forma como o lixo deve ser tratado, tanto o residencial orgânico/reciclável quanto o industrial, o atendimento relativo à saúde e os hábitos alimentares, são questões que, se não previamente pensadas e bem solucionadas, podem causar enormes transtornos.

Até mesmo a forma de fechar ou declinar um negócio precisa ser conduzida dentro dos costumes locais, a fim de evitar conflitos e mal-entendidos. Em alguns países, o ato de dizer "não" pode ser percebido como grande falta de educação, enquanto que em outros locais, como no Brasil, a falta de clareza ao negar uma proposta pode dar margem para que o outro interprete a falta do "não" como um "sim", o que certamente vai gerar desgaste e o comprometimento da imagem da empresa.

Brasileiros gostam de conversar mais sobre amenidades para criar familiaridade com seus parceiros comerciais do que os americanos, que são mais diretos e apressados. O firme contato visual pode deixar um japonês desconfortável, mas para um árabe esse contato visual é muito importante.

Nos Estados Unidos é comum o garçom apresentar a conta do restaurante antes que ela tenha sido solicitada, pois se trata de uma atitude que pretende adiantar a vida dos clientes mais apressados. Nada impede que o cliente solicite mais algum serviço depois que a conta é colocada sobre a mesa. No Brasil, esse mesmo ato é percebido como deselegante, e o cliente entende que está sendo expulso quando ainda pensava em pedir mais um cafezinho.

É preciso estudar com profundidade os costumes locais para adaptar o código de ética, a fim de que ele se torne um guia que auxilie os empregados na solução de dilemas.

De uma maneira geral, o ideal é conduzir os negócios dentro dos mesmos valores éticos da matriz, no que se refere às condutas ilegais, adaptando aquelas relacionadas a questões culturais mais importantes. É preciso ter em mente que enquanto no Brasil um empregado flagrado roubando, caso venha a ser entregue à polícia, vai, no máximo, passar algum tempo na prisão, em outros países, caso seja denunciado às autoridades, ele poderá ser sumariamente executado ou ter suas mãos decepadas.

Em alguns países, o hábito de aceitar propinas é rotineiro, mesmo quando considerado crime pelas leis locais. As penalidades previstas em lei raramente são aplicadas, mas o risco é maior. O ideal é que a empresa respeite as leis locais, pois uma ordem de prisão em solo estrangeiro certamente vai causar muitos problemas, envolvendo transtornos psicológicos ao empregado e à sua família, comprometimento da imagem da empresa, altos custos judiciais e com advogados, e até mesmo o relacionamento diplomático entre dois países. Entretanto, considerando as possíveis desvantagens competitivas em relação aos concorrentes, cada empresa deve definir sua forma de lidar com questões ilegais, desde que as decisões sejam transparentes e que o expatriado tenha suporte decisório, operacional e financeiro para lidar com situações desse tipo. A decisão de relativizar a conduta ética é uma experiência perigosa, e é preciso ter a exata noção de que o risco terá de ser assumido corporativamente **pela empresa**, e jamais imputar responsabilidade a um de seus empregados que tenha agido dentro das normas internas.

> *"Neste mundo não existe verdade universal. Uma mesma verdade pode apresentar diferentes fisionomias. Tudo depende das decifrações feitas através de nossos prismas intelectuais, filosóficos, culturais e religiosos."*
>
> **Dalai-Lama**

10
Liderança Ética

O comportamento dos líderes é fundamental para o sucesso de qualquer programa de desenvolvimento da consciência ética, e é altamente recomendado um programa especial para esse público. Por isso, ainda que pareça repetitivo, é importante destacar este aspecto, já abordado em capítulos anteriores.

Estamos falando sobre o exemplo que vem de cima; a atitude daqueles que alcançaram postos de comando, o ensinamento implícito do caminho a ser percorrido para alcançar reconhecimento, promoções e conseguir chegar ao lugar pretendido.

Líderes são vistos como profissionais de sucesso e inspiram aqueles que pretendem seguir a mesma trajetória.

Além de todas as competências requeridas para o bom exercício da liderança, a postura ética, a forma respeitosa de condução das equipes e a atitude assertiva diante das obrigações inerentes à função servem de modelo de conduta para os demais empregados.

O acompanhamento da conduta dos líderes de todos os níveis influencia na criação da cultura empresarial. São os chamados ensinamentos subliminares. De acordo com a psicologia acadêmica, mensagem subliminar é todo estímulo produzido abaixo do limiar da consciência. As mensagens subliminares podem ser visuais e auditivas, porém muito se tem estudado sobre a influência provocada por outros órgãos dos sentidos humanos.

A integridade dos principais executivos (ou a falta dela) é um componente fundamental na formação da cultura ética corporativa, percebida por meio de pistas formais e informais passadas diariamente pelas mensagens, propostas e projetos que tramitam nas mesas de todos os empregados. Nas grandes corporações, em que a maioria dos colaboradores não conhece pessoalmente os executivos mais graduados, os colaboradores ainda assim alimentam as impressões com base na reputação sustentada pelos seus chefes imediatos.

De qualquer forma, grandes executivos precisam criar uma imagem de liderança ética e de confiabilidade, apresentando coerência entre o discurso e a prática a fim de criar visibilidade para a sua conduta diante das questões éticas.

A forma como esses gestores lidam com os benefícios proporcionados pelo poder certamente vai compor a percepção do tipo de conduta adequada a um futuro líder.

Infelizmente, o poder tem a capacidade de inebriar e transformar seres humanos pacíficos, amigáveis e justos, em chefes arbitrários, hipócritas, vaidosos, prepotentes e arrogantes. Uma lástima!

A Caixa Econômica Federal é uma empresa estatal brasileira que desempenha um importante papel social. Além de possuir a maior carteira de financiamentos imobiliários para todas as faixas de renda, a Caixa paga benefícios sociais do Governo Federal, administra fundos relacionados aos direitos trabalhistas, é referência em contas de poupança (em especial para as classes de menor poder aquisitivo), administra loterias, financia obras de infraestrutura para estados e municípios e atua também como um importante banco comercial, oferecendo linhas de crédito tanto para pessoas físicas como para empresas.

Criada em 1861 como uma instituição 100% pública, a Caixa sempre foi utilizada para fins políticos. As ingerências, tanto da parte do governo como de políticos corruptos, resultaram no uso da empresa para a distribuição de benefícios nem sempre corretamente concedidos, seja por desajustes propositais na precificação das taxas cobradas ou por inadimplência.

Em janeiro de 2018, quatro vice-presidentes foram afastados porque seus nomes apareceram em denúncias de pessoas envolvidas nos muitos escândalos de corrupção desvendados a partir da Operação Lava Jato. Isso depois que o Ministério Público Federal recomendou à presidência da República o afastamento dos 12 vice-presidentes da Caixa, todos indicados por políticos e nomeados pelo próprio presidente da República. Surpreendentemente, o presidente Michel Temer decidiu ignorar a recomendação, mas voltou atrás quando, além da indicação do MP, também o Banco Central do Brasil e o relatório de uma empresa independente de auditoria fizeram a mesma recomendação e, principalmente, depois que o Ministério Público alertou Temer sobre a possibilidade de ele responder civilmente caso algum dos executivos da Caixa desse causa a novos negócios fraudulentos.

Muitas das operações aprovadas ainda serão melhor apuradas, mas o que chama a atenção é que a Caixa é uma empresa que segue todas as orientações para ser considerada uma empresa ética, menos no que se refere à inibição da conduta de seus dirigentes.

Todos os cargos de comando são fruto de indicações políticas, desde o presidente da Caixa, vice-presidentes e diretores-executivos, além de vários superintendentes nacionais, assim como os das diversas regionais do país. Desde sempre era conhecida a prática de que esses indicados deveriam atender aos interesses de seus padrinhos ou partidos políticos como forma, não apenas de retribuir a "gentileza" da indicação para o cargo, como também para assegurar a permanências nesses cargos.

A cegueira quanto à falta de ética na rotina de atender aos interesses políticos era tão arraigada, fruto dos exemplos de conduta observados ao longo do tempo, que não era entendida por muitos como inadequada

Na melhor das hipóteses, os dirigentes indicados priorizavam operações de crédito para atender políticos em troca "apenas" da manutenção de seus cargos, altos salários, prestígio e poder. Entretanto, esses mesmos dirigentes tinham conhecimento de que, muito provavelmente, os políticos atendidos cobravam dos beneficiados pelas operações aprovadas algum percentual sobre os valores liberados.

Dos quatro vice-presidentes afastados, três deles foram definitivamente destituídos dos cargos e todos tiveram seus nomes e suas fotos amplamente divulgadas nos maiores veículos de comunicação do país. Desonestos ou não, todos tiveram a reputação profundamente comprometida e certamente se tornaram motivo de constrangimento e até mesmo vergonha para as suas famílias, principalmente para os seus pais e filhos. Abrir mão da própria reputação, do respeito das pessoas queridas e da paz de espírito para alimentar a vaidade é um preço alto a se pagar.

Aceitar ocupar um cargo por indicação em uma das muitas empresas estatais brasileiras não pode ser considerada uma atitude antiética. Entretanto, sabendo que em política nada acontece sem que haja um interesse oculto, os beneficiados com as indicações sabiam que seriam cobrados pela indicação, mas isso não os fazia reconsiderar suas ambições pessoais a fim de ocupar cargos poderosos.

Ainda em meio ao escândalo que as exonerações provocaram, o então presidente da empresa, Gilberto Occhi, deu entrevista a uma emissora de TV dizendo que não se deveria "satanizar" as indicações políticas e que elas são "normais, ainda mais em um banco público".

A pergunta que não se faz ouvir é: por que tantos políticos têm interesse em indicar pessoas para as posições de comando em estatais? O que eles ganham com isso? Se eles estão ganhando alguma coisa, alguém está perdendo. Quem?

A quebra de paradigma quanto ao que é ou não uma conduta ética pode ser tão devastadora que muitas pessoas demoram muito para enxergar o lado errado de uma antiga prática antiética.

A permissão concedida pela empresa para decidir, comandar e ordenar pode provocar uma súbita mudança no comportamento dos que estão emocionalmente menos preparados. O prazer de ser obedecido e a liberdade para fazer o que bem entende faz com que pessoas até então dedicadas e comprometidas passem a delegar atribuições e cobrar resultados sem maior compromisso com a viabilidade de execução de suas ordens, e sem participar do trabalho desenvolvido por suas equipes.

A solidão do poder costuma estar relacionada com a pouca disposição dos gestores para ouvir argumentações ou discutir detalhes impropriamente julgados menos importantes. Esquecem que um pequeno detalhe, uma simples observação passada por aqueles que executam uma rotina, pode fazer toda a diferença no sucesso de um projeto.

Um exemplo prático aconteceu em 2015, quando um determinado líder decidiu promover um evento direcionado a um público específico. Na cabeça dele, sendo ele o responsável maior por aquele tema, que exigia uma mudança de cultura, o assunto teria de ser tratado como prioridade por todos os envolvidos. Assim, decidiu sozinho a data e o local do evento sem considerar a disponibilidade de agenda do público-alvo. Sua certeza e arrogância o cegaram a ponto de fazê-lo desconsiderar conscientemente que o público-alvo não tinha qualquer vínculo financeiro ou institucional que os obrigasse a comparecer ao evento. Era uma atividade educacional relacionada à formação da cultura ética — um assunto que definitivamente não interessa a muita gente.

A equipe organizadora do evento teve o cuidado de checar se aquela ocasião era adequada e percebeu que havia uma enorme possibilidade do não comparecimento de muitas pessoas, pois era uma época de preparação para a obtenção de futuros resultados, que exigia a presença delas em outras cidades. O chefe foi alertado sobre a possibilidade de fracasso devido à agenda comprometida do público-alvo, mas ainda assim insistiu na realização do evento, argumentando que o assunto era do interesse de todos e que essas pessoas seriam convocadas (sem que esse tipo de poder estivesse sob sua alçada).

Foi um vexame! No dia do evento, que consumiu muitos recursos no deslocamento e hospedagem de cerca de 20 pessoas, confecção de brindes e *layout* sofisticado, serviços de *coffee break* para 300 pessoas, contratação de um palestrante estrangeiro e serviço de tradução simultânea, compareceram apenas oito pessoas. Um desperdício injustificável. E o mais grave, ele não precisou responder por seu erro, que não foi involuntário, já que ele foi avisado. Ele considerou que aquele integrante de sua equipe não podia estar mais bem informado do que ele. E para agravar a atitude, nunca admitiu seu erro, creditando tudo a uma falha da equipe que não divulgou o evento corretamente — todas as ações de divulgação foram conduzidas sob a coordenação e com total conhecimento desse chefe. Na verdade, o evento foi divulgado para mais pessoas além do grupo definido por ele, porque a equipe sabia da alta probabilidade de não comparecimento do público.

Decisões sobre rotinas executadas e produtos comercializados nos pontos de venda são tomadas por executivos fechados em seus escritórios que não se dão ao trabalho de ouvir o pessoal que realiza as tarefas para entender como as coisas acontecem na realidade. Deixar de ouvir as impressões de quem executa um trabalho, e por isso está apto a identificar gargalos e outras dificuldades operacionais, é o caminho mais curto para o erro. A ideia de que essas pessoas nada têm a contribuir prejudica a projeção dos possíveis desdobramentos dessas decisões, e pode provocar perdas na qualidade do trabalho, no resultado dos negócios e na satisfação do cliente.

Inúmeras são as publicações direcionadas aos gestores de RH que defendem a diversidade cultural na formação das equipes. Quanto mais diferentes forem as vivências, maiores serão as chances de obter diferentes ângulos de visão sobre uma mesma situação. Então por que ainda hoje tantos gestores gostam de decidir sem ouvir suas equipes ou, em alguns casos, as pessoas que serão afetadas por suas decisões?

E por que os superiores desses gestores não percebem esse tipo de conduta ou, pior ainda, até percebem, mas nada fazem para aperfeiçoar o trabalho desse profissional? Comodismo? Falta de disposição para enfrentar conflitos e para exercer adequadamente seu papel de líder? Provavelmente.

Durante anos de observação, inúmeras foram as histórias que testemunhei de profissionais gabaritados e competentes que trilharam carreiras de sucesso até que foram derrubados pela própria arrogância e prepotência.

É comum ver profissionais das mais diversas áreas, inebriados pelo poder e pela vaidade, julgarem-se mais gabaritados que os demais profissionais do mercado ou que todos os membros de sua equipe. O excesso de autoconfiança, a vaidade e a visão distorcida da realidade liquidam carreiras que poderiam ter ido bem mais longe.

Profissionais que se deixam levar pelo poder acabam perdendo a admiração destinada aos verdadeiros líderes, devido a atitudes banais. Esquecem que, como comandantes de pessoas, estão sendo observados e criticados pelos seus subordinados. Entretanto, confiantes da reputação conquistada pelos anos de trabalho árduo, passam a descuidar de atitudes básicas como o cumprimento de horários, emendam feriados sem qualquer preocupação com os demais colegas, marcam férias sem se importar com as necessidades de seus substitutos, realizam viagens de trabalho para atender a interesses pessoais ou se comprometem com outros comportamentos que afetam diretamente a equipe.

Grandes executivos precisam aceitar que são figuras públicas e que, portanto, precisam estar atentos também à sua conduta na vida particular. Rumores correm na velocidade da luz e podem manchar rapidamente a história de toda uma vida.

Existe ainda outra conduta bastante condenável: a opção por não decidir. Decidir implica assumir responsabilidade pelas consequências dessas decisões. Assim, é mais fácil deixar que outros decidam para que, caso algo saia errado, tenha a quem imputar a responsabilidade e se eximir da "culpa".

Aliás, assumir a "culpa" é uma das maiores virtudes de líderes e profissionais de todas as áreas. O líder seguro de sua competência sabe que também está sujeito a erros, e que o mais importante não é identificar quem errou, mas sim analisar a situação para buscar soluções. A visão positiva daquela ocorrência negativa vai possibilitar que se encontrem caminhos para prevenir que ela se repita. Identificando ou não o "culpado", seja ele quem for, a forma como a solução foi encontrada tem poder educativo.

Pessoas que erram e não assumem seus erros são inseguras e não confiáveis. Pessoas que assumem seus erros e colaboram na busca de soluções demonstram comprometimento e disposição para aprender.

Percebemos, assim, que o comportamento dos líderes afeta a cultura da empresa tanto nos seus aspectos formais quanto nos informais.

Os líderes mais poderosos podem criar, manter ou mudar a cultura formal e a informal de acordo com o que eles fazem, dizem ou assumem. A eles cabe a função de observar e buscar desenvolver os demais líderes sob o seu comando.

A conduta dos controladores de uma empresa ou de seus principais gestores inspira o comportamento de todos os demais. Se esse líder é capaz de despertar credibilidade, admiração e, obviamente, respeito, haverá grande probabilidade de que todos procurem pensar e agir seguindo as mesmas linhas de comportamento adotadas por seu líder.

O fundador e criador da TAM Linhas Aéreas, Rolim Adolfo Amaro, revolucionou a aviação comercial brasileira na década de 1990. Nascido em 1942 e de origem simples, Amaro precisou economizar muito para conseguir pagar um curso de piloto de aviões no interior do estado de São Paulo, e trabalhou por anos como piloto de pequenas empresas aéreas, como a VASP, até receber o convite para pilotar o avião de uma grande empresa. O salário era alto e lhe permitiu economizar para comprar seu primeiro avião, um Cessna 170 (1966), com capacidade para três passageiros. Sua carreira como piloto e pequeno empresário do ramo de aviação rendeu bons frutos.

Investindo toda a sua competência, comprou metade das ações da TAM (1972) e assumiu a direção da empresa. Com isso, modernizou a frota e fez os negócios crescerem. Em 1976 Rolim Amaro passa a ser o principal acionista do grupo, com 98% das ações, fazendo a companhia ser vista como um fenômeno. Enquanto a aviação crescia 15% a cada ano, a TAM aumentava 70% a cada seis meses.

Em 1984 a TAM conquistou o prêmio Top de Marketing por conta da qualidade do serviço que oferecia. Iniciou o serviço de primeira classe em 1989, ligando os aeroportos de Congonhas, em São Paulo, e Santos Dumont, no Rio de Janeiro. Em 1991, criou o serviço Fale com o Presidente. O Comandante Rolim criou um novo estilo de voar no Brasil, com traços de informalidade e preocupação em valorizar cada passageiro. Em 1993, criou a Fundação Eductam, para dar bolsas de estudos aos carentes, apoiar obras humanitárias e participar de projetos culturais e esportivos. Idealizou, juntamente com seu irmão, o Museu Asas de Um Sonho, a maior e uma das únicas coleções de aeronaves antigas do país para preservar a memória e a história da aviação.

Foi eleito o homem de vendas do ano 1994 e inovou aceitando em sua tripulação a primeira comandante mulher. Lançou o serviço Ticketless em 1995, o embarque eletrônico sem bilhete, e o Cartão de Crédito Fidelidade TAM. No mesmo ano, a revista Exame elegeu a TAM a Melhor Empresa Aérea no setor Transportes, em Melhores e Maiores, e a revista Air Transport World a nomeou a melhor empresa aérea regional do mundo. Mostrou toda sua habilidade para divulgar a imagem da TAM depois que seis acidentes envolvendo aeronaves da companhia ameaçaram abalar a prosperidade da empresa. O pior deles aconteceu em 1996 quando um avião que fazia a ponte-aérea Rio-São Paulo sofreu uma pane e caiu logo depois de decolar do Aeroporto de Congonhas, matando 99 pessoas. Depois do acidente, "o comandante" passou a receber os passageiros de alguns voos que saíam de Congonhas na escada dos aviões, numa tentativa de recuperar a imagem da companhia. Depois disso, suas cartas e vídeos dirigidos aos passageiros tornaram-se uma constante nos voos da TAM.

A partir daí, a TAM passou a adotar uma estratégia de marketing ainda mais agressiva para continuar crescendo.

Em 1996, a empresa foi eleita a mais rentável do país pelo jornal Folha de São Paulo, a mais rentável do mundo pela revista Airline Business, e ganhou o Grand Prix de anunciante do ano no Prêmio Colunistas, do Caderno de Propaganda e Marketing. Nesse mesmo ano, o comandante recebia o Prêmio Excelência 1996, da Associação dos Engenheiros do ITA — Instituto Tecnológico de Aeronáutica.

Em 1999, a TAM é reconhecida como uma das mais modernas companhias aéreas do mundo com um total de 98 aeronaves, sendo 58 jatos com mais de 100 lugares, com idade média inferior a cinco anos. Os voos para Paris passam a ser diários no ano de 2000, com embarque e desembarque no Aeroporto Charles de Gaulle. Passou a operar apenas com jatos de última geração. A essa altura, a empresa já era a mais rentável do país, com um faturamento de mais de US$ 1 bilhão.

O comandante Rolim Amaro morreu durante um passeio de helicóptero, que caiu e explodiu no Paraguai, em 2001, a 25 quilômetros da fronteira com o Brasil.

Rolim Amaro deixou os seguintes ensinamentos para os empregados da TAM:

"Piloto da TAM não discute e nem fala alto no rádio: é polido, cordial, conhece os procedimentos a seguir, não dá vexame, conhece o equipamento e é comprometido a sempre aprender."

Afirmava sempre o comandante Rolim:

*"A **TAM** criou um relacionamento novo com o passageiro. O cliente é o maior bem que uma organização pode ter. Eu sempre digo aos nossos funcionários: olha, avião para a empresa, um a mais, um a menos, não significa grande coisa. O que não podemos é quebrar esse pilar da credibilidade, da comunicação, do canal que permite às pessoas saberem que podemos resolver o seu problema. Isso não há dinheiro no mundo que pague."*

"Nós precisamos de pessoas que tomem decisões. É do nosso catecismo: peque por ação, não por omissão."

Deixou também a sua filosofia de negócios resumida em sete mandamentos:

1. Nada substitui o lucro;
2. Em busca do ótimo não se faz o bom;
3. Mais importante que o cliente é a segurança;
4. A maneira mais fácil de ganhar dinheiro é parar de perder;
5. Pense muito antes de agir;
6. A humildade é fundamental;
7. Quem não tem inteligência para criar tem de ter coragem para copiar.

A trajetória de Amaro Rolim demonstra a importância que o exemplo passado pelo líder exerce na formação da imagem de uma empresa. O mesmo acontece na imagem de uma filial, de uma determinada área ou agência quando o líder apresenta um comportamento admirável, sendo respeitado e seguido por sua equipe.

Hoje, sem a sua liderança, a TAM perdeu reputação e rentabilidade e, para sobreviver em um mercado cada vez mais exigente e competitivo, em 2010, optou por um acordo de fusão com a companhia aérea chilena LAN, que deu origem à LATAM Airlines. O Museu Asas de Um Sonho foi inaugurado após a morte de Rolim e ocupava um aeroporto desativado no interior de São Paulo, onde funcionou por dez anos. Está fechado desde 2016 e o destino do acervo ainda é incerto.

"Pessoas e empresas vivem de exemplos, e um exemplo vale mais que um milhão de palavras."

Rolim Amaro

11
Ética e Competitividade

Uma das características mais marcantes das sociedades do século XXI é a intensa competição por uma forma qualquer de se sobressair em relação à maioria, seja profissional, financeira, física ou, ainda, a combinação dessas três áreas representativas do sucesso pessoal. Essa disputa pelo sucesso contribui para estimular o consumismo e a busca pela fama a qualquer preço.

As manifestações relativas ao desenvolvimento da competitividade estão presentes desde a infância, quando os pais investem na educação dos filhos para que eles possam "vencer na vida". Desde muito cedo, as crianças começam a supervalorizar a vitória, seja nas brincadeiras, gincanas, concursos, seja na torcida pela vitória do seu time em campeonatos de futebol.

Algumas crianças têm a agenda tão lotada de cursos e atividades esportivas ou educativas/culturais que pouco tempo sobra para brincar e usufruir de momentos que só acontecem na infância. As brincadeiras nas ruas, praças e parques já são raridade porque os *games* ocupam todo o pouco tempo livre.

Todas essas atividades são, na verdade, uma preparação para lidar com o mundo competitivo do trabalho, no qual o importante é vencer e demonstrar competência e superioridade em relação aos outros.

Por outro lado, voltando a tratar da força do exemplo como método didático, estamos vivendo em uma época na qual os pais entendem que para preparar uma pessoa para o mundo atual é correto não cercear as suas vontades. Uma visão bastante distorcida.

Para educar é preciso ensinar como se comportar para conviver de forma saudável e respeitando as pessoas. Apontar os limites para fazer a criança entender que o direito dela termina onde começa o do outro.

A partir dos anos 1980 venderam a ideia de que o amor dos filhos precisava ser conquistado pelos pais. Esqueceram-se que crianças amam quem cuida delas e quem dá atenção a elas, mesmo que esse cuidado inclua a negação de muitas vontades a fim de ensinar que tudo tem um determinado valor e que as coisas exigem esforços para serem adquiridas/alcançadas.

Não raramente esses jovens iniciam as suas carreiras entendendo que têm capacidade para assumir posições de poder e responsabilidades incompatíveis com sua pouca experiência. Quando não alcançam seus objetivos rapidamente, vivenciam uma sensação de injustiça e acabam desmotivados para seguir no caminho que leva à realização profissional e que exige dedicação, humildade para aprender e tempo.

A disputa pela conquista de uma posição de destaque na vida profissional é motivo de estresse e torna-se o objetivo de vida de muita gente. Essa busca pelo reconhecimento do valor pessoal pode ser mais intensa do que a busca por maior remuneração.

Além da dedicação à empresa, o profissional de sucesso precisa investir tempo e dinheiro em sua formação e permanente atualização.

Uma lista resumida de requisitos para aumentar a competitividade profissional inclui:

1. Desenvolver perfil gerencial;
2. Manter-se muito bem informado;
3. Manter-se tecnicamente atualizado;
4. Identificar novas oportunidades de negócios;
5. Saber lidar com mudanças;
6. Ser criativo e inovador;
7. Ler, falar, escrever e conversar em outro(s) idioma(s);
8. Manter uma boa rede de relacionamentos;

9. Cuidar do marketing pessoal;
10. Ter total disponibilidade para a empresa;
11. Cuidar da aparência física;
12. Ter equilíbrio emocional;
13. Saber lidar com chefias autoritárias;
14. Ser resiliente;
15. Ter habilidade para desenvolver pessoas.

Interessante que, dos requisitos encontrados em artigos publicados na internet, não constavam dois itens fundamentais para a manutenção do bom ambiente de trabalho: humildade e ética.

Além de atender às necessidades da carreira, a maioria das pessoas também precisa de tempo para acompanhar os filhos na escola e nas demais atividades: ir a médicos, fazer exames de rotina, dar assistência aos pais idosos, fazer compras no supermercado, praticar exercícios físicos, manter a mídia social e as amizades em dia, administrar contas e finanças, cuidar da saúde mental e dos relacionamentos familiares, manter a casa limpa e arrumada, as roupas e o carro em ordem.

No caso das mulheres, ainda precisam planejar, preparar e servir a própria refeição e a da família, estar com unhas, sobrancelhas e cabelos bem cuidados, depilação em dia e sempre com a libido em alta, sem se deixar influenciar pelas variações hormonais.

Será que algum ser humano com salário que não permita manter um séquito de servidores consegue dar conta de tudo isso?

Em benefício da carreira, muita gente sacrifica a relação familiar, a criação dos filhos e o casamento. Só bem mais tarde, quando a carreira entra na fase natural de declínio ou o corpo desenvolve doenças provocadas pelos excessos de estresse e compromissos assumidos, é que muita gente se pergunta se valeu a pena.

O que, na maioria das vezes, passa despercebido é que, para haver um vencedor, é necessário que haja, irremediavelmente, muitos perdedores, todos eles convivendo com a angústia do sentimento de inferioridade. Apesar da máxima "o importante é competir", poucos sabem conviver com a derrota quando ela aparece. Lidar com a derrota é complicado até mesmo para quem desfruta de mais vitórias do que de derrotas. Tem gente que não admite perder uma simples partida de buraco e briga feio por causa disso com amigos e familiares.

Será possível que a competitividade possa conviver com a ética?

A competitividade é um dos pilares da economia liberal, em que as pessoas trabalham para elevar ao máximo a produtividade e a lucratividade das empresas em busca de melhorar seus próprios rendimentos.

Adam Smith, autor das obras *A Riqueza das Nações* e *A Teoria dos Sentimentos Morais*, embora muitos não saibam, também publicou artigos nos quais defende que a ética está intrinsecamente ligada ao capitalismo, pois, do contrário, a prática capitalista se desvirtuaria de seu grande objetivo, que é a busca do bem comum. Ele explicou que "não é aceitável que uma pessoa enriqueça de qualquer forma, o enriquecimento deve ocorrer dentro de procedimentos legais e de acordo com princípios morais". Smith observou que o mercado livre não é criado, mas se desenvolve espontaneamente e acima de decretos. Através dos séculos, por meio do processo de tentativa e erro ou por eliminação, ficou claro que as pessoas mais éticas que respeitam o setor privado, o direito de propriedade e os contratos tornam-se mais prósperas. Foi um processo histórico, não uma imposição.

Adam Smith jamais defendeu a ideia de uma sociedade guiada pela moral de obter o máximo benefício com um custo que implicasse no desrespeito e na exploração do ser humano.

Se existe um momento em que a manutenção da conduta ética enfrenta um dos seus maiores desafios, é quando o homem se encontra diante de uma competição.

Vencer, derrotar adversários, sagrar-se campeão, são situações que despertam a vaidade, que provocam satisfação egocêntrica e um sentimento de superioridade mesmo quando não existem recompensas tangíveis. Se esses atrativos se somam a premiações de qualquer espécie, mesmo que seja uma simples medalha, o esforço para alcançar a vitória pode ser muito mais intenso.

O espírito competitivo não tem de ser condenado, pelo contrário, ele serve de estímulo não só para atletas, mas para muitas pessoas em vários campos de atuação cultural, esportiva ou profissional, para que se dediquem com mais afinco a alcançar determinados objetivos disputados com outras pessoas.

Entretanto, mais difícil que saber perder é saber ganhar.

Perder com honra e dignidade e ganhar com humildade são comportamentos raros de se encontrar e que exigem nobreza de caráter.

Líderes empresariais são submetidos a enormes pressões para alcançar resultados, para cumprir prazos, criar ou executar projetos, e acabam pressionando suas equipes. É comum empresas ranquearem as suas unidades de negócios com base no melhor índice de desempenho ou no cumprimento e superação de metas. É uma competição em que os primeiros colocados recebem todo tipo de reconhecimento e recompensa, enquanto os últimos se sentem ameaçados quanto à permanência no cargo ou no emprego.

A pressão por resultados e a necessidade de alcançar objetivos são fatores capazes de despertar o pior das pessoas. Muitas, por medo ou por vaidade, passam a burlar regras, distorcer dados e informações ou enganar clientes para conseguir resultados e atingir números mais interessantes.

Quando o gerente percebe essas "armações" e se cala, beneficiado que é pelos resultados da equipe, está criando o cenário perfeito para que novos caminhos alternativos e impróprios sejam seguidos. As pequenas "espertezas" dos colaboradores podem evoluir para fraudes. Este é um aviso importante que apenas as empresas com um bom sistema de avaliação de resultados podem identificar e inibir.

Embora a maioria das empresas já saiba que resultados a qualquer custo não funcionam por muito tempo, poucas investem verdadeira e seriamente na investigação do modo como seus resultados estão sendo obtidos.

Empresas éticas querem resultados sustentáveis. Para isso, é importante identificar o caminho percorrido pelos colaboradores.

Além das áreas de *compliance*, auditoria e marketing, apenas os gerentes têm condições de fazer um efetivo trabalho de acompanhamento que, às vezes, tem de ser também investigativo.

Uma empresa que recruta pessoas orientadas para as vendas, que forma os seus vendedores em técnicas de venda agressivas e que paga apenas com base no valor das vendas terá maior probabilidade de comportamento não-ético do que outra que recrute vendedores com elevada orientação para o cliente, que aposte na formação em venda consultiva, e que o pagamento com base no valor das vendas seja uma comissão suficiente para recompensar o esforço e a lucratividade do negócio realizado pelo trabalhador.

O gestor precisa cobrar resultados, mas também orientar adequadamente a sua equipe, lembrando que competir não significa confrontar, passar por cima, mentir, omitir ou enganar, distorcendo informações.

As empresas devem investir na formação de gestores capazes de desenvolverem suas equipes, realizando um trabalho que desperte a constante reflexão e a convicção de que é preciso focar na melhoria contínua de atitudes e estratégias éticas para obter melhores resultados.

Finalmente, é preciso reconhecer que a competitividade sadia é importante para motivar a busca da superação e que nunca deveria ser sinônimo de agressividade gratuita ou de "esperteza". A competitividade é algo que requer nobreza e exige elevação técnica e moral.

Por outro lado, o sucesso profissional e empresarial não deve comprometer a qualidade de vida. Ninguém possui superpoderes, ninguém é capaz de ser perfeito em tudo. É preciso identificar e valorizar os próprios talentos, focar nas coisas que podem ser bem-feitas e não se culpar por não conseguir dar conta de tudo.

A vontade de vencer a todo custo não pode estar acima do bem-estar e da satisfação pessoal, muito menos dar vazão para comportamentos antiéticos.

O mundo está cheio de vencedores e campeões muito infelizes porque não se conformam com a passagem do tempo, com as mudanças, com a queda nos próprios rendimentos e com a ausência de reconhecimentos e aplausos.

Ninguém é um campeão permanente. Ninguém é um sucesso eterno.

A realização pessoal duradoura nada tem a vem com a vitória. Vitória é só um momento feliz em meio a tantos outros. A felicidade pode estar em uma vida simples, sem objetivos mirabolantes e sem cobranças constantes.

A felicidade costuma estar relacionada à paz de espírito e à consciência leve.

> *"Uma poderosa ferramenta para nos ajudar a gerir com habilidade a nossa vida é perguntar antes de cada ato se isso nos trará felicidade. Isso vale desde a hora de decidir se vamos ou não usar drogas até se vamos ou não comer aquele terceiro pedaço de torta de banana com creme."*
>
> **Dalai Lama**

12
A Gestão de Recursos Humanos

A atuação da área de gestão de Recursos Humanos — RH — em conjunto com a área responsável pela implantação/manutenção da ética empresarial é determinante para o sucesso no desenvolvimento da consciência ética dos colaboradores e, mais especificamente, dos executivos de alto nível.

Não há como trabalhar a conduta ética sem a participação efetiva dos gestores responsáveis pela coordenação de equipes.

Nas melhores empresas, os gestores tem sido preparados já há algum tempo para exercerem a função de líderes educadores. Entretanto, o comportamento desses líderes no dia a dia da empresa e a forma como conduzem às suas equipes permanecem preservados quanto a questionamentos éticos.

Os controles referentes à ética dentro da maioria das empresas estão direcionados para a conformidade dos procedimentos dos negócios realizados. Muitos códigos de ética tratam do que pode ou não ser feito na relação com clientes, fornecedores e órgãos de governo, mas poucos apresentam orientações sobre como os relacionamentos pessoais internos devem ser conduzidos, exceto por vagas citações como: "manter a cordialidade e o respeito com os demais colaboradores".

Sendo assim, não faz parte da rotina dos profissionais da área de recursos humanos o questionamento quanto ao exemplo de conduta que os líderes, principalmente os de alto nível, passam às suas equipes, muito menos controlar e interferir para promover ajustes.

Não obstante, dentre as atribuições dos profissionais de RH está a de formatar e/ou indicar cursos e treinamentos de aperfeiçoamento para gestores, investindo na formação de líderes educadores, o que inclui o desenvolvimento de habilidades no trato das questões de relacionamento pessoal com os integrantes de suas equipes e, em especial, os gestores a eles subordinados.

A abordagem clara e direta do que se espera da conduta ética, com o esclarecimento efetivo dos comportamentos que não serão tolerados e as respectivas consequências para os autores de assédio moral, sexual, perseguições ou outros desvios de comportamento, é assunto delicado e costuma ser tratado superficialmente. Parece que todos os presentes nas ocasiões em que esses assuntos são abordados, pelo simples fato de ocuparem posições de confiança, estão imunes a cometer abusos, o que é um grande equívoco. Afinal, quem está tornando o ambiente de trabalho tão doentio?

A acomodação natural provocada pelo excesso de trabalho faz com que muitos gestores, mesmo percebendo as deficiências comportamentais dos gerentes sob seu comando, prefiram permanecer na zona de conforto da omissão. A tomada de atitude com fins educadores para a correção de conduta antiética exige iniciativa pessoal e gera desgaste no relacionamento. Os bons resultados operacionais apresentados pelo subordinado, ainda que causem prejuízos nos relacionamentos e no ambiente de trabalho, costumam entravar a atitude corretiva/educadora de gestores menos íntegros, que temem comprometer seu próprio resultado se o recado não for bem compreendido.

O desgaste pessoal gerado pelo questionamento sobre comportamentos inadequados é inevitável. Entretanto, a experiência demonstra que a aceitação de condutas antiéticas acaba por contaminar o ambiente de trabalho e interfere na qualidade e na produtividade da equipe e da empresa.

O gerenciamento antiético cria desmotivação, inibe a criatividade e tende a comprometer os resultados tanto no médio como no longo prazo.

Portanto, nos treinamentos sobre ética empresarial, é preciso não apenas estimular nos gestores a autocrítica quanto à própria conduta e quanto aos exemplos que eles passam às suas equipes, mas também despertar neles a consciência sobre a importância de acompanharem e atuarem para estimular a conduta ética dos profissionais a eles subordinados.

A pesquisa *Barómetro de Valores y Ética Empresarial 2014-2015* (www.goo.gl/VqQXKU) desenvolvida pela Fundação Generación Empresarial do Chile, que objetiva promover a ética no mundo empresarial chileno, mede a percepção de empregados de diferentes níveis hierárquicos sobre o estado da ética e *compliance* nas empresas participantes.

Ao longo dos anos em que a pesquisa vem sendo aplicada, fica evidente a impressionante evolução no uso de ferramentas de gestão para o desenvolvimento dos valores éticos nas empresas.

O relatório de 2014-2015 informa que a pesquisa foi respondida por 10.669 trabalhadores de empresas que já adotam rotinas para a valorização da ética. Apesar disso, 27% não concordam com a afirmação: "Minha empresa usa seus valores e princípios para guiar a forma como trata os empregados", além de outros 27% que afirmaram concordar parcialmente com essa afirmação.

Entre os entrevistados, 24% afirmaram que justiça e equidade são valores definidos pela empresa, mas que eles não percebem essa realidade no ambiente de trabalho. Outros 17% afirmam não vivenciar valores como excelência, cumprimento de compromissos e lealdade.

Outro dado interessante apontado pela pesquisa foi a divergência de opinião entre os trabalhadores de diferentes níveis hierárquicos para a pergunta que procurava identificar se a conduta dos dirigentes de suas empresas servia de exemplo em relação aos valores da empresa. Enquanto 91% dos entrevistados com cargos de comando afirmaram que sim, 25% da gerência média e 39% do pessoal da base responderam que não ou não sabiam se os dirigentes eram exemplo de conduta. Fica evidente a opacidade de percepção dos dirigentes.

Algumas das empresas participantes da pesquisa *Barómetro de Valores y Ética Empresarial 2014-2015* desenvolvem programas para a formação e treinamento para prevenir condutas antiéticas, conforme afirmaram 47% dos entrevistados. Entretanto, esses cursos parecem estar direcionados prioritariamente para os ocupantes de cargos de direção, pois enquanto 84% deles disseram já ter participado de cursos de formação ética, apenas 67% do pessoal da base informaram ter recebido treinamento sobre valores, comportamentos éticos ou sobre o código de conduta de sua empresa.

O escritório de ética costuma trabalhar principalmente com a identificação e solução das ocorrências. O gestor de RH precisa assumir para si o papel de propor e coordenar ações para o desenvolvimento da consciência ética, que é uma atuação preventiva.

Além de incluir a conduta ética na avaliação de desempenho 360°, é importante que os empregados encontrem um caminho para denunciar desmandos, injustiças, arbitrariedades e maus exemplos de gestores que ainda não entenderam a abrangência de sua conduta como fonte de inspiração para os mais novos.

Como já foi dito anteriormente, considerar mais seriamente os assuntos que passam pelas conversas de corredor, investigando a pertinência de comentários que relatam o mau comportamento de gestores, também é um caminho que não deveria ser desprezado.

Outra armadilha que costuma alcançar os responsáveis pela área de desenvolvimento de recursos humanos é o hábito de concentrar-se no atendimento das demandas por treinamento que partem dos gestores de todas as demais áreas da empresa em detrimento das necessidades identificadas pelos profissionais do RH.

É plenamente justificável que cada uma das áreas da empresa tenha interesse em desenvolver habilidades que venham a melhorar o desempenho das pessoas nas atribuições que vão influenciar a melhoria dos seus resultados. Enquanto a área comercial solicita treinamento em técnicas de venda e abordagem de clientes, a área de marketing solicita treinamento sobre as características intrínsecas aos produtos priorizados pela estratégia empresarial. Ao mesmo tempo, a área de saúde pede treinamento sobre qualidade de vida e alimentação saudável, e a área de controles está mais interessada nos cursos de aprimoramento quanto aos cuidados na entrada de dados dos clientes e produtos comercializados.

Todas essas áreas estão sendo cobradas pelos seus resultados. Considerando o padrão de organogramas da maioria das empresas, qual seria a área interessada em desenvolver a consciência ética?

Deveria ser o CEO e o Conselho de Administração. As demais áreas só passarão a dar importância à conduta ética quando forem avaliadas sob esse aspecto com o mesmo peso que são avaliadas pelos seus resultados matematicamente mensuráveis.

Será que isso tende a acontecer já nos próximos anos? É pouco provável.

Infelizmente, de uma maneira geral, gestores são cobrados por resultados e não por comportamentos.

A quem interessa desenvolver a conduta ética?

Com empresários e demais profissionais éticos, justos e dedicados que reconhecem a importância de atuar na base dos problemas, investindo na formação ética de colaboradores de todos os níveis, mas em especial na dos gestores, as empresas estarão menos suscetíveis a correr riscos como os que destruíram a WorldCom, a Enron, a Arthur Andersen, o Barings Bank e, aqui no Brasil, os Bancos Santos, Econômico, Bamerindus e Nacional, além da Sadia.

Diante da magnitude das empresas acima citadas, pode parecer que dificilmente uma ou outra ocorrência de conduta antiética venha a comprometer a existência de uma grande organização. Essa afirmação tem sua verdade. Entretanto, olhando mais de perto, os profissionais mais comprometidos vão perceber a grandiosidade do custo invisível provocado pelo somatório de pequenas atitudes antiéticas.

Profissionais comprometidos e com visão sistêmica apurada vão entender que um custo invisível vultoso interfere diretamente na lucratividade da empresa e que, quanto mais prejudicada for a lucratividade, menor será o valor de sua participação nos lucros. Além disso, uma empresa que lucra menos cresce menos, promove menos gente, não abre novos postos de trabalho, não cria novas funções de gestão nem novas unidades de negócios.

Portanto, além do presidente da empresa, e talvez de algum ocupante dos maiores cargos diretivos, somente os profissionais da área de ética, amparados pela área de desenvolvimento de pessoas, apresentam motivos para defender o investimento na criação da cultura ética.

Vale lembrar a relevância de constar do currículo de um gestor de RH brasileiro o registro de reconhecimento do mérito de seu trabalho quando a empresa em que trabalha recebe a premiação de estar incluída na lista das "100 Melhores Empresas para se Trabalhar", da Revista Exame. Afinal, profissionais éticos e talentosos preferem trabalhar em empresas éticas.

E não vão faltar argumentos aos melhores profissionais da área de desenvolvimento de pessoas para defender a necessidade de investir em educação a fim de tornar a empresa mais ética, mais lucrativa e, portanto, mais sustentável.

> *"O estado geral do coração e da mente — ou motivação — de uma pessoa no instante de uma ação é, costumeiramente, a chave para avaliar a qualidade ética dessa ação."*
>
> **Dalai Lama**

13
Questão de Atitude

Neste último capítulo, gostaria de deixar claro que tudo o que está apresentando aqui neste livro não é novidade para os profissionais especializados em Ética Empresarial.

Criar comitês de ética, elaborar códigos de conduta, disponibilizar um canal de denúncias e outras iniciativas aqui tratadas são ações já desenvolvidas pela maioria das boas e grandes empresas.

Nesse caso, o que está faltando? O que ainda é preciso fazer para evitar que uma empresa caia em armadilhas como a que abalou a British Petroleum?

A resposta é absurdamente simples: **ATITUDE**.

As questões relativas à ética empresarial não costumam parecer urgentes e exigem um longo período de tempo para apresentarem resultados expressivos. Por isso as empresas priorizam ações direcionadas a produtos, a resultados de curto prazo, à inovação tecnológica e ao desenvolvimento de habilidades que interfiram de forma mais imediata no desempenho das funções de seus colaboradores e na competitividade de seus produtos.

Falta dar a real importância que as ações efetivas no desenvolvimento da cultura ética podem representar para toda a empresa. São ações diretamente relacionadas à visão sistêmica e estratégica, e por isso poucos profissionais conseguem avaliar a dimensão de sua abrangência.

Independentemente da avaliação de competência que se possa fazer dos executivos em geral, é comum que eles mantenham o foco nas ações inerentes às suas áreas de responsabilidade, aos projetos que propiciam resultados mais expressivos e de fácil mensuração.

Portanto, como dito no capítulo anterior, é difícil até mesmo identificar qual seria o cargo do profissional que deveria tomar para si a responsabilidade de investir no desenvolvimento da consciência ética.

Não se pode negar que esse trabalho será recheado de desgastes pessoais com gente que não vai aceitar a mudança na forma de avaliar seus comportamentos, decisões e maneiras como alcançam resultados.

Por isso, além do dono ou do CEO da empresa, só os responsáveis pelo programa de implantação da ética empresarial ou pela gestão de RH exercem atribuições compatíveis com os objetivos pretendidos.

Embora a existência dos custos invisíveis seja inquestionável, eles não podem ser mensurados, não aparecem nos demonstrativos financeiros, e por isso não causam maiores preocupações ou cobranças. Entretanto, no momento em que esses mesmos custos começarem a diminuir devido a uma nova conduta ética, coerente e responsável de uma maior quantidade de empregados, os números deverão demonstrar essa economia.

Apesar de direcionar a responsabilidade para os CEO's, com apoio dos profissionais de RH, entendo que gestores de outras áreas como *compliance*, jurídica, marketing, ouvidoria, auditoria, planejamento ou estratégia empresarial também podem assumir a condução da implantação e coordenação de um programa de desenvolvimento da consciência ética.

O fato é que o aprimoramento do controle do comportamento ético vai interferir em todos os procedimentos realizados dentro da empresa, em todas as áreas, e certamente vai ser percebida pelo público externo: clientes, fornecedores, investidores ou a sociedade como um todo. Além disso, o resultado vai proteger a empresa da imprevisibilidade de danos causados por atitudes inadequadas de seus representantes.

Empresas com capital aberto precisam estar mais protegidas do risco presente nas atitudes antiéticas de seus empregados. A constatação da existência de uma consciência ética dentro da empresa vai certamente influenciar positivamente na seleção dos investidores mais cautelosos.

Por mais que alguns grandes investidores não estejam preocupados com a sustentabilidade ou com os valores éticos, os critérios estabelecidos pelos "fundos éticos" incluem as perspectivas de sustentabilidade na escolha do seu portfólio. Os motivos dessa preocupação não estão relacionados a uma missão moralizadora dos mercados financeiros, mas sim porque esses investidores querem assegurar-se de que não possuem uma bomba-relógio em suas carteiras.

Considerando as ações já realizadas pelas empresas na busca da ética empresarial nos últimos anos, o que ainda falta fazer?

A resposta, como já vimos, é muito simples, mas a execução não é simples. É lenta e exige manutenção continuada.

É fundamental investir em educação e controles. É preciso buscar informações e utilizar essas informações para desestimular a repetição de atitudes equivocadas, punindo as transgressões e orientando quanto à forma correta de conduta.

Resumindo o que já foi citado neste livro, até para defender seus próprios interesses, cabe às empresas a iniciativa de:

1. Educar, educar e educar sempre para os valores éticos;
2. Ampliar as atribuições, as responsabilidades, a estrutura e os recursos disponíveis para a área responsável pelo desenvolvimento da cultura ética;
3. Treinar continuadamente para a decisão de dilemas éticos, discutindo e avaliando casos;
4. Incluir, nos cursos para o desenvolvimento de lideranças, a valorização da importância do exemplo do comportamento dos líderes para a formação das novas gerações de empregados;
5. Estimular e desenvolver habilidades para o feedback pontual e construtivo, seguindo a ideia de que o erro é a tentativa de acerto de quem trabalha e precisa de orientação para corrigi-lo;
6. Promover campanhas educativas permanentes para a conduta ética;
7. Utilizar com integridade e justiça os mecanismos da colaboração premiada;

8. Fazer com que os colaboradores percebam que o discurso ético está sendo adotado na prática, de forma coerente e efetiva por todos os níveis da empresa;
9. Apurar cuidadosamente e controlar os registros de ocorrências no canal de denúncias, preservando a identidade dos denunciantes;
10. Fazer acontecer a política de consequências, doa a quem doer;
11. Apurar, resolver, responder e controlar registros de reclamações dos clientes;
12. Realizar ações de pós-venda incentivando clientes a expressarem sua real percepção quanto à satisfação e quanto à correção do vendedor;
13. Utilizar informações que identificam a qualidade das vendas, apurando motivos para devoluções e trocas, assim como a quantidade de ocorrências por vendedor para identificar a forma como o negócio foi realizado;
14. Adotar a transparência como ferramenta criadora de confiabilidade na gestão empresarial e, em especial, na gestão de recursos humanos;
15. Estimular os empregados a expressarem suas opiniões e críticas, avaliando e apurando possíveis focos de comportamentos antiéticos.

Como podemos observar, o desenvolvimento da consciência ética envolve um trabalho árduo e contínuo, que vai exigir atuação conjunta de muitas áreas. Não se trata apenas de investir em ferramentas, mas, em muitos casos, de criar rotinas e utilizar dados já disponíveis nas empresas.

Não é um programa temporário, é uma mudança na forma de condução de negócios e de avaliação das competências pessoais.

Não obstante a enorme distância que ainda separa o padrão de comportamento atualmente percebido nas empresas do ideal de conduta alinhada com os valores éticos, já se percebe, claramente, a tendência de mudança nas sociedades mais desenvolvidas.

Nos Estados Unidos há registros de boicotes a empresas de grande porte por questões éticas. O Walmart sofreu boicote à venda de frangos alimentados com soja oriunda da Amazônia e por suas políticas na relação com trabalhadores. A Procter & Gamble, hoje P&G, sofreu boicote a seus produtos pela forma como trata os animais, a Nike, por sua política de emprego, e a Kentucky Fried Chicken pelo tratamento que dá aos frangos.

Estamos presenciando uma grande mudança cultural que vai se fazer mais e mais presente no dia a dia das empresas.

Obviamente, as companhias que saírem na frente no desafio de desenvolver a consciência ética de seus empregados estarão mais protegidas de sofrer grandes prejuízos e desgastes de imagem. Afinal é bom repetir: são as pessoas que trabalham nas empresas que tomam decisões em seu nome.

Empresas são frutos da ação da sociedade e isso vem sendo demonstrado ao longo da história desde a Revolução Industrial.

O desenvolvimento sustentável nada mais é do que a busca da mudança das formas de se obter aumento da qualidade de vida de modo a abranger mais pessoas, inclusive as futuras gerações.

O ambiente das empresas exerce enorme influência na qualidade de vida dos empregados. Trabalhar numa empresa que atua com ética e que exige de seus empregados um comportamento ético traz segurança, confiabilidade, compromisso e motivação.

Não resta dúvida de que um ambiente saudável e ético vai tornar as empresas mais produtivas, rentáveis e dignas de credibilidade.

"Seja a mudança que você quer ver no mundo."
Mahatma Gandhi

Bibliografia

SINGER, Peter. *Vida ética*. Rio de Janeiro: Ediouro, 2002.

ARRUDA, Maria Cecília Coutinho. *Código de ética*. São Paulo: Negócio, 2002.

ARRUDA, Maria Cecília Coutinho e Outros. *Fundamentos de ética empresarial e econômica*. 4. ed. São Paulo: Atlas, 2009.

SROUR, Robert Henry. *Ética empresarial, a gestão da reputação*. 2. ed. Rio de Janeiro: Campus, 2003.

TREVIÑO, Linda K.; NELSON, Katherine A. *Managing business ethics*. 4. ed. Hoboken: John Wiley and Sons Inc., 2007.

MEDINA, Luiz Gustavo. A elite da tropa: nos bancos, missão dada é missão cumprida. *Valor Econômico*, 19 nov. 2010.

Relatório de Pesquisa

ECI — Ethics & Compliance Initiative — 2016 Global Business Ethics Survey

FUNDAÇÃO GENERACIÓN EMPRESARIAL DO CHILE - Barómetro de Valores y Ética Empresarial 2014-2015

TRANSPARENCY INTERNATIONAL — Relatório Anual 2017

Sites consultados

administradores.com.br

bp.com

canaldedenuncias.com.br

carreiradossonhos.com.br

epocanegocios.globo.com

ethisphere.com

generacionempresarial.cl

karinebensperger.cl

portalsaofrancisco.com.br

pwc.com

tam.com.br

thedomnetwork.wordpress.com

transparency.org

veja.com

webartigos.com

yogajournal.terra.com.br

Índice

A

Adam Smith 172

administração 44-45, 85, 94, 101, 106, 114

ambiente de trabalho 91-95, 101, 105, 108, 111, 136, 142, 151, 171, 176

antiética 33, 36, 38, 47-48, 69, 109, 120-124, 141, 151, 162, 176

antilíderes 93, 102

apuração 10, 90, 121, 134, 137-139, 141-144

Arthur Andersen 22, 44-45, 81, 179

assédio moral 2, 10, 78, 89, 91, 95, 105, 107, 134, 141, 176

assédio sexual 2, 93, 134

atitude 24, 34, 41, 64, 79, 82, 90, 95, 107, 117, 121, 136, 157, 162, 176, 181

autoconfiança 62, 125, 136, 152, 164

avaliação 360° 126, 127, 150

B

bem comum 172

benefícios 2, 20, 25, 30, 39, 45, 55, 71, 89, 97, 102, 123, 133, 138, 151, 160

boas condutas 123, 126

British Petroleum 22, 44, 45, 81, 179

bullying 26, 31, 33

C

canal de denúncia 9, 64, 89, 111, 128, 131, 138, 147

carreira 2, 7, 10, 25, 71, 84, 93, 97, 117, 136, 148, 171

CEO 16, 23, 95-97, 100, 108, 178, 182

chefe 2, 17, 24, 92, 117, 124, 127, 136, 141, 144, 163

cliente 23, 42, 50, 75, 88, 90, 98, 103, 119, 122, 145-150, 157, 164, 167, 168

coaching 47, 70

código de conduta 9, 65, 76, 79, 95, 109, 111–114, 177

código de ética 9, 78–81, 104, 108–115, 131, 135, 150, 157

colaboração premiada 66, 133–136, 183

comissão de ética 78, 110, 132

competitividade 43, 98, 149, 169–172, 174, 181

compliance 9, 11, 104, 109, 129, 143, 173, 177

condições de trabalho 3, 17, 47

conduta antiética 13, 33, 69, 109, 121–124, 141, 151, 176

conflitos 2, 29, 38, 89, 101–102, 116, 139, 156

conselho de ética 76, 106

corrupção ix, 4–6, 36, 65, 133, 138, 155, 160

cultura ética 68, 77, 102, 112, 128, 152, 160, 163, 179, 181, 183

Custo de Aquisição de Cliente (CAC) 76

custos invisíveis 182

D

demissão 123, 137, 143

denúncia 47, 85, 90, 127–129, 131, 134–135, 137, 140–141

desvio de recursos 130

dilema ético 20, 27, 35, 78, 129, 156

Distúrbios Osteomusculares Relacionados ao Trabalho (DORT) 47

Doutrina de Apuração de Responsabilidade 141

E

educação 6, 26, 31, 67–71, 76, 84, 90, 109, 115–118, 141, 150–153, 169, 180

empresa ética 9, 51, 64, 75–100, 124, 161

Enron 13, 22, 33, 38, 44–48, 69, 81, 109, 120–124, 141, 151, 162, 176, 179

escândalos empresariais 68

escolhas 35, 63–64, 115

espiritualidade 55–56

executivo-chefe 17–18, 24

exemplo de conduta 49, 97, 175, 177

F

falta de ética 3, 33, 47, 95, 132, 161

feedback 70, 106, 122, 183

filosofia 1, 29, 37, 69, 111, 168

fraude 14, 22, 44, 69, 77, 135

G

gestor de ética 94, 103–110

globalização 43, 155

governança corporativa 46, 64, 77

H
hierarquia 43, 94, 124, 126

I
integridade 20, 30, 34, 38, 56, 127, 128, 134, 160, 183

J
justiça 42, 52, 56, 77, 93

L
liderança 7, 37, 47, 49, 70, 91, 96, 107, 121, 159, 168

lucro 7, 21, 39, 51, 64, 71, 145, 168

M
marketing de relacionamento 98

marketing pessoal 11, 87, 171

mercado 11, 21, 41–47, 65, 71, 78–83, 88, 94, 97, 104, 117, 134, 152, 164, 172

O
Odebrecht 13, 33, 36, 38, 47, 69, 109, 120–124, 141, 151, 162, 176

organização 13–19, 36–37, 49, 82, 111–114, 126, 128, 133, 138–139, 144

P
penalidade 124

perdas e benefícios 20

personalidade 6, 69, 107, 116

política de consequências 26, 69, 110, 120, 127, 153, 184

prejuízo 7, 10, 17, 26, 41, 47, 49, 69, 71, 80, 88, 95

princípios 20, 30, 38, 64, 108, 111, 121

propina 2, 26, 33, 34, 66, 79, 16

punição 25, 36, 58, 69, 112, 115, 118, 120–123, 131, 134, 153

Q
qualidade de vida 10, 28, 37, 46, 49, 174, 178, 185

quociente de ética (EQ) 96

R
recursos humanos (RH) 70, 93, 101, 106, 113, 131, 164, 175–179, 182

reputação 3, 48, 52, 55, 60, 81–87, 96, 104, 118, 160–161, 164, 168, 187

responsabilidade 24, 46, 64, 79, 96, 104, 114, 121, 130, 143, 158, 165, 182

risco 12, 20, 34, 40–48, 51, 63, 88, 99–100, 114, 122, 134, 142, 157, 182

S
stakeholders xi, 9, 64, 75, 77, 80, 82, 104, 111–112

suborno 14, 16

sustentabilidade 9, 17–19, 26, 45, 47, 52, 64, 183

swap reverso 41

T

transparência 98, 102, 115, 125, 128

treinamento 108–109, 114, 144–145, 149, 156, 177–178

U

utilitarista 20, 30

V

vaidade 3, 11, 23, 59, 63, 90, 93, 102–103, 106, 125, 162, 164, 172–173

valores éticos 6, 20, 25, 55, 65, 69, 76, 81, 87, 103, 117, 131, 150–157, 177, 183

valores morais 31, 36

vantagens 25, 39, 48, 55, 73, 145, 147, 150

W

WMEC - World's Most Ethical Companies (Empresas Mais Éticas do Mundo) 95

CONHEÇA OUTROS LIVROS DA ALTA BOOKS!

Negócios - Nacionais - Comunicação - Guias de Viagem - Interesse Geral - Informática - Idiomas

Todas as imagens são meramente ilustrativas.

SEJA AUTOR DA ALTA BOOKS!

Envie a sua proposta para: autoria@altabooks.com.br

Visite também nosso site e nossas redes sociais para conhecer lançamentos e futuras publicações!

www.altabooks.com.br

/altabooks ▪ /altabooks ▪ /alta_books

ALTA BOOKS
EDITORA

ROTAPLAN
GRÁFICA E EDITORA LTDA

Rua Álvaro Seixas, 165
Engenho Novo - Rio de Janeiro
Tels.: (21) 2201-2089 / 8898
E-mail: rotaplanrio@gmail.com